スモールボートで楽しむ海のマイボートフィッシング

必釣の極意
ひっちょうのごくい

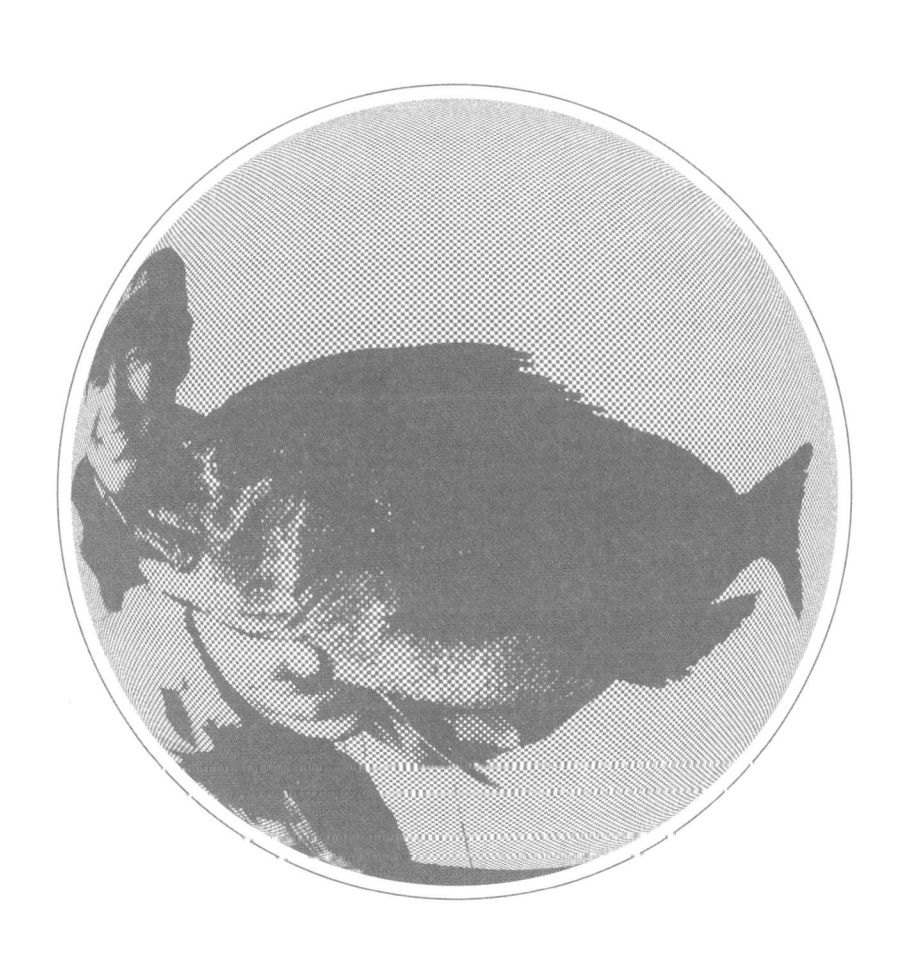

小野信昭 著

スモールボートで楽しむ海のマイボートフィッシング
必釣の極意
CONTENTS

cover photos_ Takemi Imai (KAZI), Katsuhiko Miyazaki (KAZI)
cover design_ Yosuke Suzuki

P.06 — 巻頭言

≫ DVD 収録

P.12 — ターゲット 01
シロギス

P.20 — ターゲット 02
カワハギ

P.28 — ターゲット 03
アオリイカ

P.36 — ターゲット 04
マゴチ

P.44 — ターゲット 05
マルイカ

P.52 — ターゲット 06
オニカサゴ

P.60 — ターゲット 07
マダイ

≫ DVD 未収録

P.72 — ターゲット 08
アジ

P.78 — ターゲット 09
アマダイ

P.84 — あとがきにかえて

スモールボートで楽しむ海のマイボートフィッシング
必釣の極意
DVD CONTENTS

■DVD コンテンツの紹介

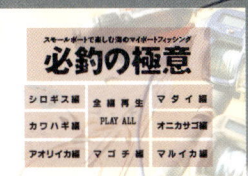

| メニュー画面 | シロギス編 | カワハギ編 | アオリイカ編 |
| マゴチ編 | マルイカ編 | オニカサゴ編 | マダイ編 |

DVDの操作法

◎付録のDVDには、シロギス、カワハギ、アオリイカ、マゴチ、マルイカ、オニカサゴ、マダイの7魚種についての実釣映像が収録されています。本では説明しにくい船上での動作も、これなら一目瞭然。ぜひご活用ください。

◎DVDをプレーヤーにセットすると、オープニング画面が数秒間再生されたあと、自動的にメニュー画面が表示されます。

◎メニュー画面が表示されてから、そのまま決定ボタンを押すと、自動的にオールプレイ再生になります。

◎メニュー画面から各チャプターへ直接アクセスするときは、プレーヤー本体またはリモコンの十字ボタンを操作して行ってください。

◎メニュー画面から各チャプターへ直接アクセスした場合、そのチャプターの再生が終わると、再びメニュー画面が表示されます。

◎本編再生中にメニュー画面を呼び出すときは、プレーヤー本体またはリモコンのメニューボタンを押してください。

〈本書付録DVDビデオ〉をご使用になる前に

■使用上のご注意

◎ビデオは、映像と音声を高密度に記録したディスクです。必ずDVDビデオ対応のプレーヤーで再生してください。

◎各再生機能については、ご使用になるプレーヤーおよびモニターの取扱説明書をご参照ください。

◎一部プレーヤーで作動不良を起こす可能性があります。その際は、プレーヤーのメーカーにお問い合わせください。

◎暗い部屋で画面を長時間見続けることは、健康上の理由から避けてください。また小さなお子様の視聴は、保護者の方の管理下で行ってください。

■取り扱い上のご注意

◎ディスクは非常に高速で回転して再生されます。ディスクの両面とも、鉛筆、ボールペン、油性ペンなどで文字や絵を書いたり、シールなどを貼らないでください。

◎ディスクは両面とも、指紋、汚れ、傷などをつけないように取り扱ってください。

◎ディスクが汚れたときは、メガネ拭きのような柔らかい布を軽く水で湿らせ、内側から外周に向かって放射線状に軽く拭き取ってください。

◎レコード用クリーナーや溶剤、静電気防止剤やスプレーなどの使用は、ひび割れの原因となることがありますから使用しないでください。

◎使用後は必ずプレーヤーから取り出してDVD専用ケースに収め、直射日光が当たる場所や高温多湿な場所を避けて保管してください。

◎ディスクの上に重いものを置いたり落としたりすると、ひび割れや変形の原因になります。

◎ひび割れや変形または接着剤などで補修されたディスクは非常に危険ですから、絶対に使用しないでください。

■そのほかのご注意

◎本書付録DVDは、一般家庭での私的視聴に限って販売されており、本書付録DVDに関するすべての権利は著作権者に留保されています。無断で上記目的以外の使用、レンタル（有償、無償問わず）、上映・放映、複製・変更・改作などや、そのほかの商行為（業者間の流通・中古販売など）をすることは、法律により禁じられています。

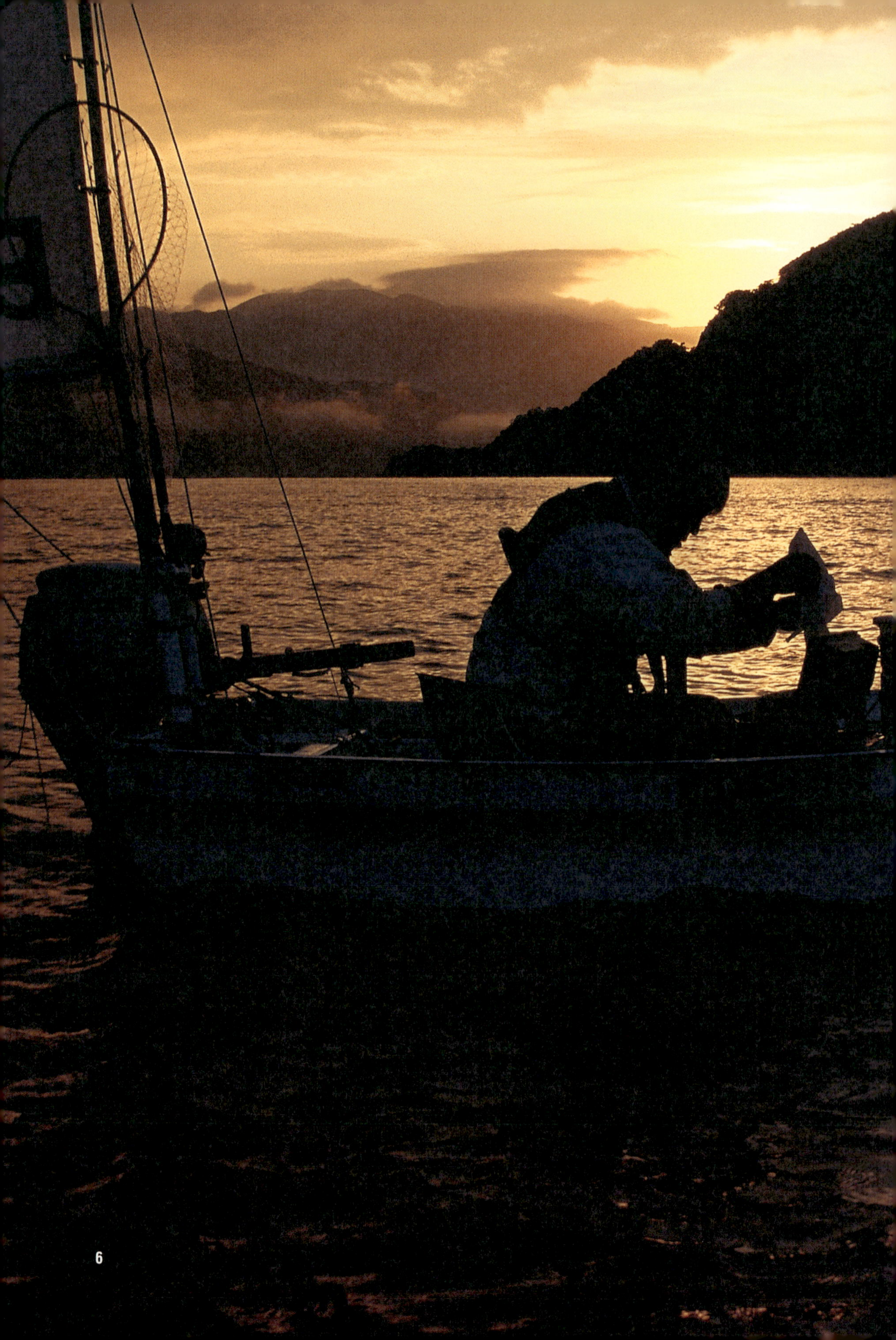

【巻頭言】
マイボートで始まる
新しい釣りのカタチ

「自分のボートで海に出て、自分自身でポイントを決め、
狙いどおりの魚が釣れた時の喜びはやはり大きいものです。
たとえ同じサイズの魚が釣れたとしても、釣り船で"釣らせて"もらった魚と、
マイボートで自分が"釣った"ものとでは、喜びの大きさがまったく違ってきます。
心なしか、味もおいしいような気がしてなりません」

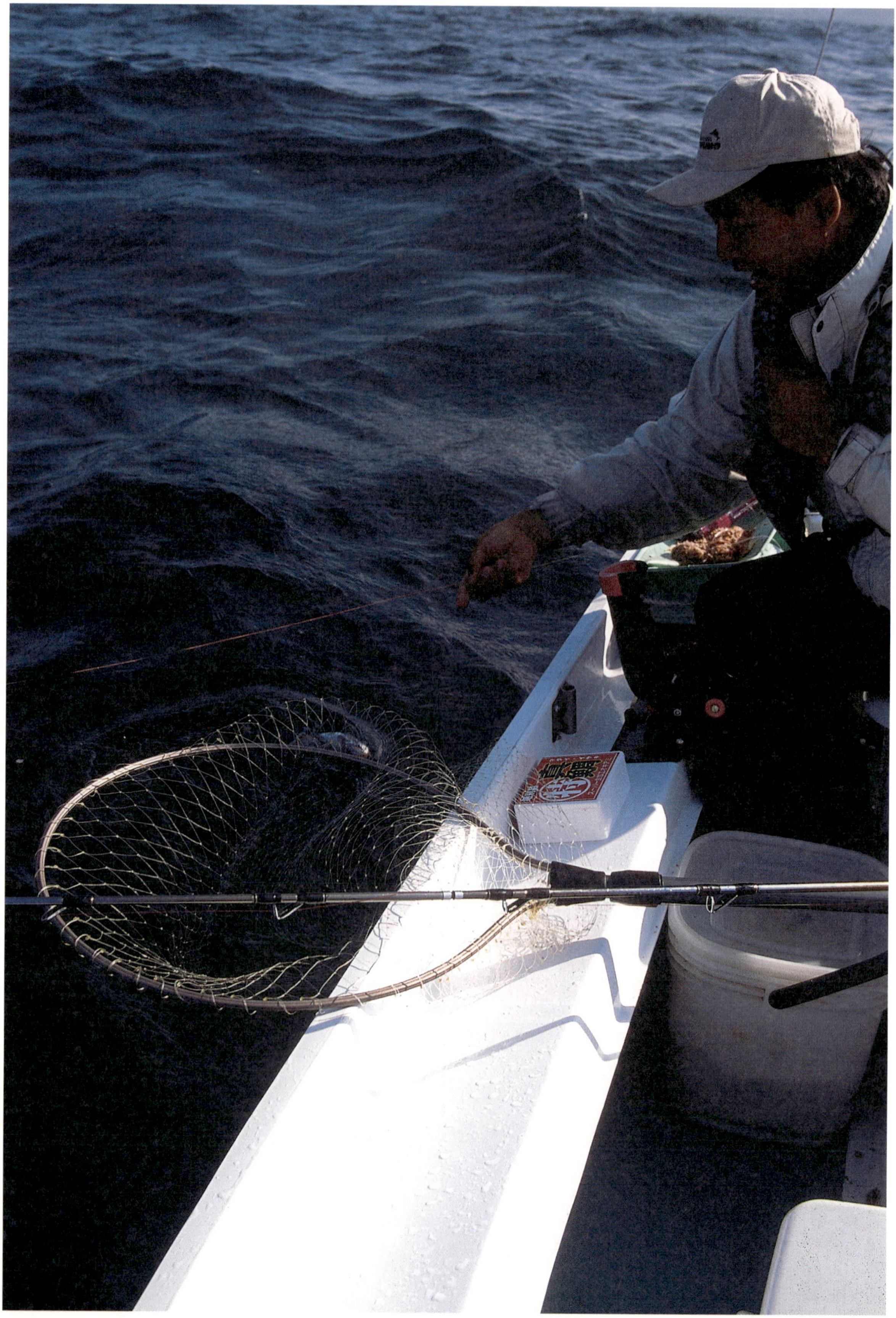

釣りは、アウトドアレジャーの王様といわれています。海、川、湖などいろいろなゲレンデがあり、ターゲットも、釣り方も多種多様です。しかし、どんな釣りでも共通していえるのは、休日になるとゲレンデが大変混雑するということです。

　海釣りについていえば、磯にしろ、堤防にしろ、釣り船にしろ、どこでもし烈な陣取り合戦が繰り広げられています。また、たとえ思いどおりの場所が確保できたとしても、自分の正面にしかイトを垂らせないような釣りを強いられることが少なくありません。これでは仕事の疲れを癒すことができず、余暇を楽しむために出かけた釣りが、かえってストレスを溜める原因にもなってしまいます。

　そんな状況下、近年、人気を高めつつあるのがマイボートでの釣りです。大海原へとボートを漕ぎ出せば、たとえ小さなボートであろうとも、気の向くままに移動でき、好きなポイントで、一日中、のんびり釣りを楽しむことが可能となります。今やマイボートフィッシングは、ひとつの釣りのスタイルとして確立したといっても過言ではありません。

　とはいうものの、「近場で同じターゲットばかりを追いかけている」といったように、さまざまなマイボートフィッシングの楽しみのうちの、まだ、ほんの一部分しか味わっていない人が多いのも事実です。また、

次なるターゲットにチャレンジしたいと思っていても、その魚の生息ポイントが分からなかったり、ボートコントロールのテクニックを持ち合わせていなかったりと不安材料が多いために、なかなか他のターゲットにチャレンジできないという人も少なくありません。

釣り船なら、ポイントの選定、ボートコントロール、タナの設定、移動のタイミングなど、全てが船頭さんまかせです。しかしながら"手前船頭"といわれるマイボートフィッシングでは、これらの作業を自分自身でやらなければなりません。その中でも、ポイントの選定とボートコントロールは釣果を大きく左右する要因で、どれだけ高級なタックル、仕掛け、特別なエサを用意しても、魚が居る場所を知らなければ、それらを役立てることはできません。また、生息ポイントが分かっていても、魚のクチ先にエサを垂らすようなボートコントロールができなければ、なかなか釣果には結びつかないのです。

そこで本書では、マイボートフィッシングにおける代表的な9魚種に対して、ポイントの選定とボートコントロールというテーマを中心に、各ターゲットを釣るうえで手助けとなる要点をまとめてみました。

ポイントの選定では、魚群探知機(魚探)の画面映像を数多く盛り込み、新規ポイント開拓の指針となるようにしました。ま

た、ボートコントロールについては、魚種ごとに有効なコントロール方法について、イラストを用いて説明しています。

さらに、釣り方ややり取りに関しては、動画映像で見ると理解を深めやすいので、実際に海上で撮影した7魚種の釣りをDVDに収録し、付録としました。ぜひ、ご活用ください。

※

ボートという遊びは、大自然の中で楽しむものです。ひとつ間違えば、アクシデントに遭遇するかもしれません。波や風に翻弄され、思わぬ事故やトラブルに遭う危険性もあります。末永くマイボートフィッシングを楽しむためには、釣果もさることながら、なによりも安全を第一に考えたいものです。

ボートでの釣りといっても、決して楽に狙い通りの魚が釣れるわけではありません。それだけに、苦労して釣り上げた魚を私は粗末にできないのです。1尾の魚が、自然の素晴らしさや命の尊さを学ばせてくれます。それが必然的に、環境保全や資源保護に対する意識も芽生えさせてくれるのです。

海のマイボートフィッシングという遊びを通じて、ひとりでも多くの人が、大自然の素晴らしさ、尊さを感じてもらえれば幸いです。

2006年1月　小野信昭

スモールボートで楽しむ海のマイボートフィッシング
必釣の極意

ターゲット01

≪ 付録DVDで実釣解説

シロギス

ビギナーからベテランまで楽しめるターゲット

夏には、水深5メートルほどの浅場でも狙えることから、陸っぱり、ボートを問わず、多くの釣り師から人気のターゲットとなっているシロギス。釣趣の面では、明確なアタリと魚体サイズからは想像できないような、強いヒキが堪能できる。食味の面でも、天ぷら、フライ、糸造りの刺身などさまざまな料理の素材となることから、多くの釣り師を魅了している。

	1月	2月	3月	4月	5月	6月	7月	8月	9月	10月	11月	12月
釣期						■	■	■				

	10m	20m	40m	60m	80m	100m	120m	140m	160m	180m	200m	220m
水深	■	■	■									

難易度	易			★		難		易		★		難
ポイント	■	■										
釣り方						■	■					

シロギスはこんな魚

日本に生息しているキスの仲間は、シロギス、アオギス、モトギス、ホシギスの4種であるが、もっともポピュラーなキスといえばシロギスで、北海道以南の日本各地の沿岸に生息する。シロギスはその名のとおり、白く、キスをするように口を尖らせ、細長くスマートな体型の魚である。

「釣りは鮒(フナ)に始まり、鮒に終わる」という名言があるが、海のボート釣りに関していえば、初めてのターゲットはシロギスだったという人が多いことからも分かるとおり、シロギス釣りはボート釣りの基本中の基本。「ボート釣りは、シロギスに始まりシロギスに終わる」といってもいいくらい、ビギナーからベテランまで楽しめる人気の高いターゲットとなっている。

人気の秘密は、沿岸に生息しているので手軽に狙えるということもあるが、なんといっても、小さな魚であるにもかかわらず釣

趣を味わえるという点にある。繊細なタックルでのヤリトリは、シロギスを小さな大物と例えることがあるほど魅力的で、ボート釣り師の中には、1年中シロギスばかりを追いかけている人もいるくらいだ。

一般的に釣れるシロギスのサイズは15〜25センチが中心だが、ごくまれに肘タタキ（手で掴むと尾ビレが肘を叩く大物）や尺ギスと呼ばれる30センチオーバーも釣れるので、決して小物釣りと片づけるわけにはいかない。そのようなジャンボギスは、シロギスフリークの間では憧れのサイズとなっている。

シロギス釣りがオデコ（1尾も釣れないこと）で終わってしまうことはめったにないが、その一方で、釣る人と釣らない人の釣果に大きな差があるのもこの釣りの特徴である。特にボート釣りでは、釣果や魚体サイズを大きく左右するファクターとしてポイント選びがある。

生息場所とポイントの選定

シロギスは、1年中釣れる魚だが、釣りやすさを考えたら初夏から秋口くらいまで。この時期は、水深の浅い場所に広範囲に分布し、エサを活発に追うので釣りやすい。

水温が低いその他の時期は、やや深場へ移動し、生息場所も限られる。もちろん

初夏、水深15メートル前後での釣果

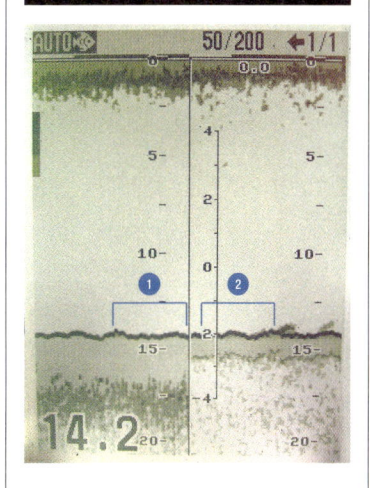

魚探画面 ❶

❶よく見ると細かな凸凹が見える。これは海底形状ではなく、ボートの小さな揺れにより発生した海底測距の誤差成分が表示されたものだ

❷シロギスの好ポイントとなるわずかな起伏。ただし、ボートがゆっくり大きく揺れると、同様の海底表示となることもあるので注意が必要だ

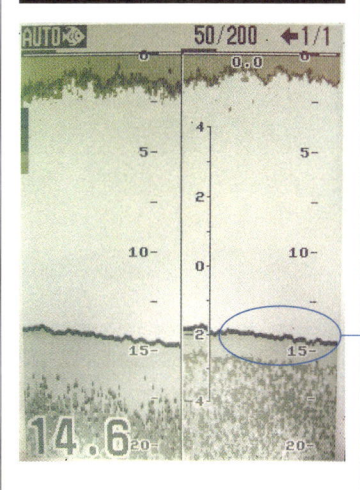

魚探画面 ❷

海底がわずかに傾斜しているカケアガリの地形。エサを探し求めながら小さな移動を繰り返すシロギスは、こういったカケアガリに居ることが多い

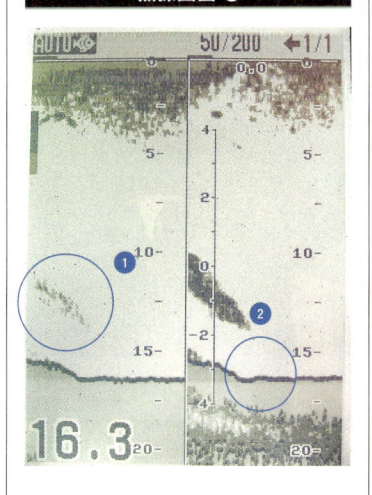

魚探画面 ❸

❶隠れ場所の少ない砂地において、小さな根の付近に集まる小魚は、シロギスなどの底物だけでなく、キビナゴや小イワシなどの宙層を泳ぐ魚でも同様だ。これらの魚を狙って、ヒラメが生息している可能性も高い。釣り上げたシロギスを生きエサにして泳がせるために、サオを1本出しておいて損のないポイントだ
❷良型シロギスが集まる根際の砂地。このようなポイントは、外道としてカワハギやキュウセンも交じる。シロギスザオでのヤリトリはヒヤヒヤものでとても楽しい

必釣の極意
スモールボートで楽しむ海のマイボートフィッシング

ターゲット01　シロギス

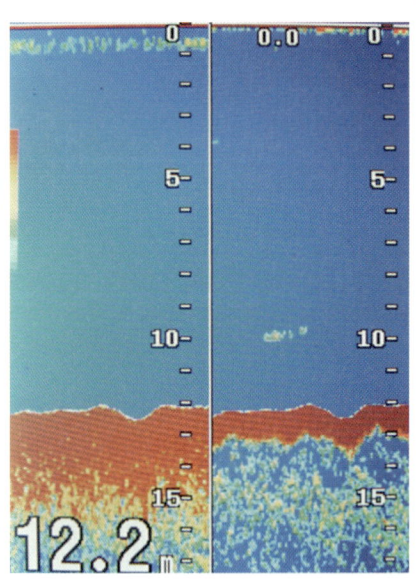

魚探画面❹

砂地の海底に1メートル弱の窪みが一カ所映っている。このような窪みはシロギスの溜まり場となりやすく、真上にボートを停止できれば、仕掛けを遠投しなくても、ボート下に垂らせばいいので効率よくシロギスの数を揃えられる

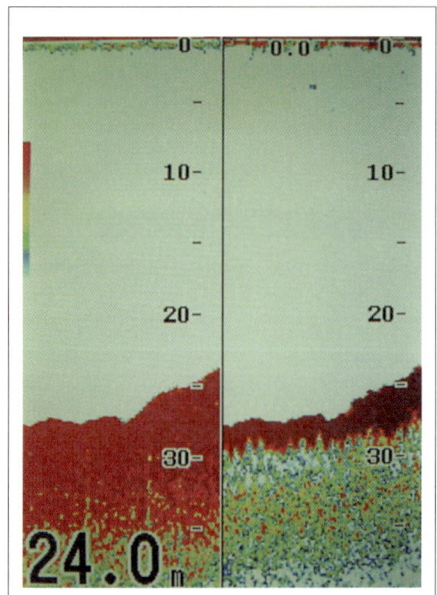

魚探画面❺

海底から下側へ延びる尾引き（茶色部分）の長さが"短い"から"長い"へ変化している。この長さに顕著な変化が見られれば、底質が変化した証拠である。このポイントでは、海底形状からも砂地から岩礁帯へ底質が変化したことが明らかだ

魚影が濃く食いも活発なら苦労をしなくても釣れるだろうが、基本的にはどこに魚がまとまっているのかを探さなければならず、やや難しいターゲットとなる。

初夏から秋にかけては、水深2〜20メートルくらいのエリアがポイントとなる。底質は砂泥を好み、地形的には平坦な場所ではなく、窪みなど凹凸のある場所を好んで生息する。遊泳層は海底から50センチくらいまでで、十数尾の小さな群れで行動しているのを、スキューバダイビングで海中を潜っているときに確認したことがある。

シロギスは浅場に生息する魚だが、決して魚探に映りやすいというわけではない。群れが小さく、遊泳層も海底付近となるため、魚探でシロギス自体の反応を見つけるのは非常に困難だ。しかしながら、底質や海底起伏、そして砂泥質の海底に点在する小さな根を見つけることにより、シロギスのポイントもある程度は予測がつく。

魚探画面①〜⑤は、どれも2周波併記モードの状態を撮影した画像で、画面左が周波数50キロヘルツ、右が200キロヘルツでの表示となっている。

魚探画面①は、シロギスが数多く釣れた実績ポイントの上を、釣り上げた時と同じようにボートを流して撮影した画像である。シロギスの好ポイントとなるわずかな窪みが青色表示②の部分に映っている。ただし、ボートがゆっくり大きく揺れると、同様の海底表示となることもあるので間違えないようにする必要がある。

ボートの揺れなどで魚探画面から海底のわずかな窪みを判別するのが困難な場合には、試しに仕掛けを投入することで、窪みを探すことも可能だ。仕掛けを遠方へ投入し、オモリが海底を引きずるようにイトをゆっくり巻く。サオ先がもたれるようなわ

ボートコントロールの要点

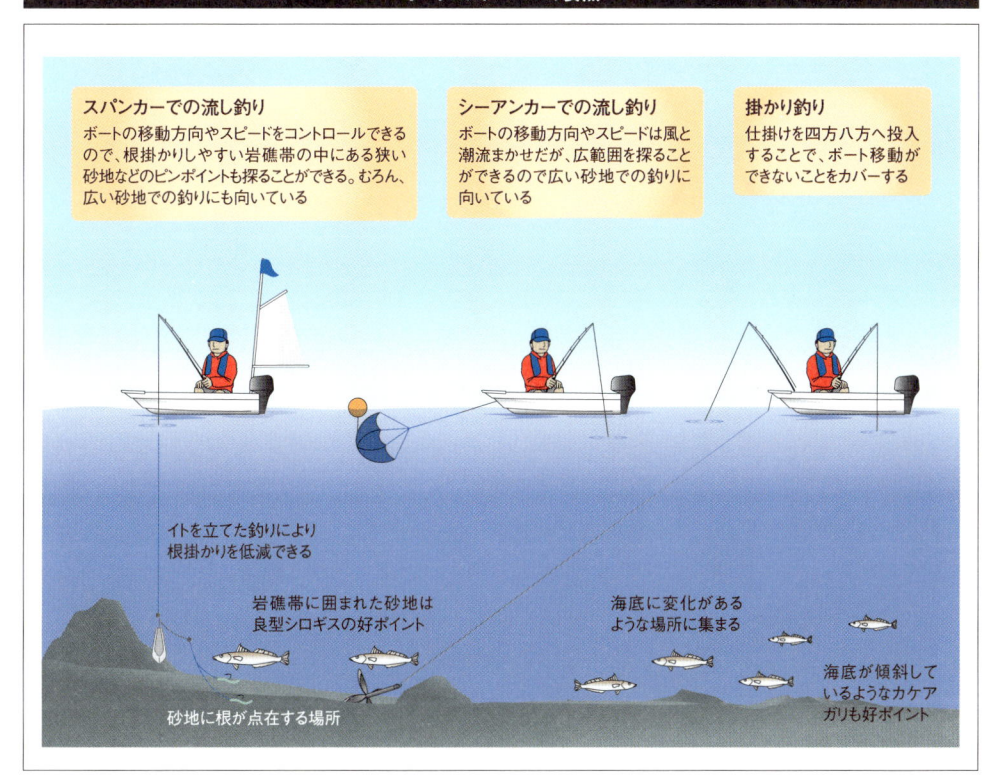

スパンカーでの流し釣り
ボートの移動方向やスピードをコントロールできるので、根掛かりしやすい岩礁帯の中にある狭い砂地などのピンポイントも探ることができる。むろん、広い砂地での釣りにも向いている

シーアンカーでの流し釣り
ボートの移動方向やスピードは風と潮流まかせだが、広範囲を探ることができるので広い砂地での釣りに向いている

掛かり釣り
仕掛けを四方八方へ投入することで、ボート移動ができないことをカバーする

- イトを立てた釣りにより根掛かりを低減できる
- 岩礁帯に囲まれた砂地は良型シロギスの好ポイント
- 砂地に根が点在する場所
- 海底に変化があるような場所に集まる
- 海底が傾斜しているようなカケアガリも好ポイント

ずかな重みを感じたら、その場所が窪みということになる。窪みはシロギスの溜まり場で、繰り返し仕掛けを入れることができると、入れ食いも夢ではない。

魚探画面②には、海底がわずかに傾斜したカケアガリと呼ばれる地形が表示されている。シロギス狙いでは、こうした場所が一般的に攻めるポイントになる。

シロギスを数多く釣るのは楽しいものだが、気の向くままにポイントを変更できるボート釣りであれば、数より良型を揃えるような釣果を得たいところだ。そのためには、良型が居そうなポイントを見つけ出す必要がある。魚探で探す場合には、とにかく砂と根が入り交じった場所を見つけることが良型とめぐり合う近道だ。

魚探画面③は、22～24センチのシロギスが立て続けに釣れたポイントである。海底地形は"根際の砂地"と呼ばれる、良型シロギスが集まる好スポットになっている。

魚探画面④は、水深12メートルの砂地で見つけた窪みである。潮流や風の影響などにより、ボートが窪み上を通過した後でも、仕掛けを遠投し、海底を引きずるようにオモリを手前に引いてくることで、窪み内へ仕掛けを入れることが可能になる。それができれば、シロギスからのアタリがまもなく届くはずだ。

魚探画面⑤は、水深28メートルの砂地を流している最中に現れた海底反応の変化である。尾引きの変化は、底質が変化したことを意味していて、尾引きが長い方が硬い岩礁帯で、短い方が砂地と推測できる。その境目の砂地側へ仕掛けを投入することで、良型シロギスが狙える。

仕掛けの巻き上げの際に根掛かりが多

必釣の極意

スモールボートで楽しむ海のマイボートフィッシング

| ターゲット01 | シロギス |

釣れるポイントへ繰り返し投入する

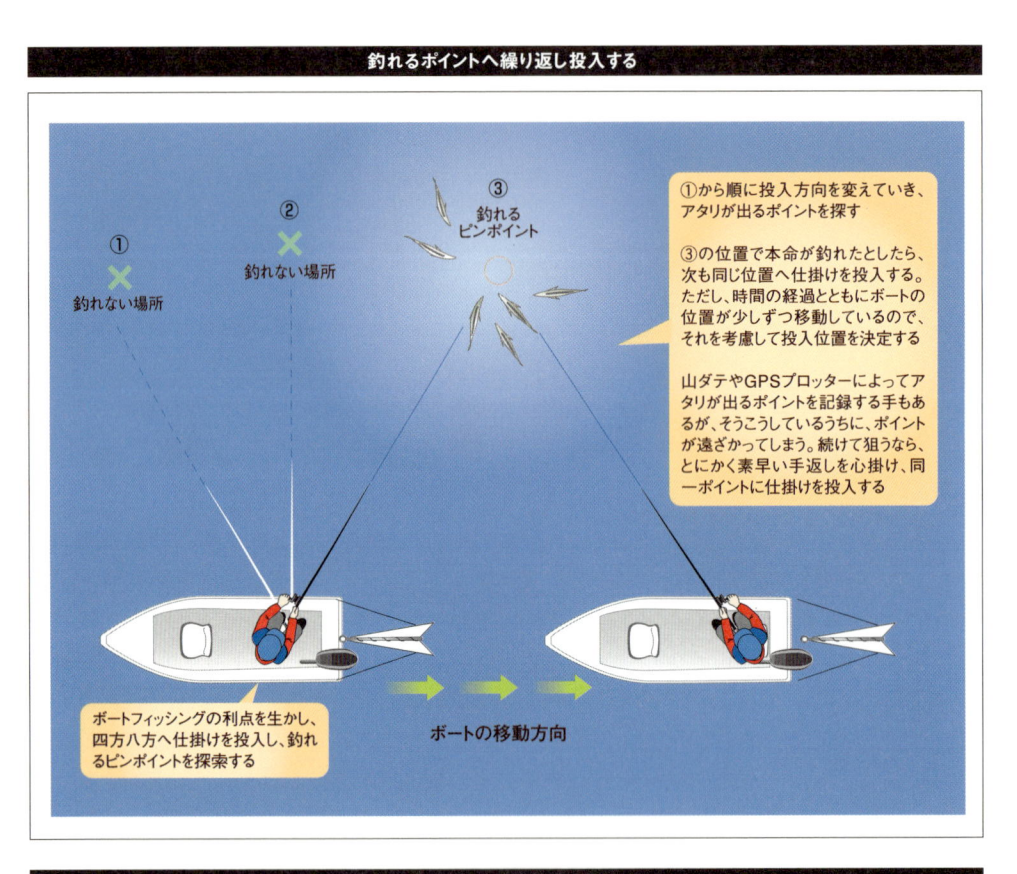

① 釣れない場所
② 釣れない場所
③ 釣れるピンポイント

①から順に投入方向を変えていき、アタリが出るポイントを探す

③の位置で本命が釣れたとしたら、次も同じ位置へ仕掛けを投入する。ただし、時間の経過とともにボートの位置が少しずつ移動しているので、それを考慮して投入位置を決定する

山ダテやGPSプロッターによってアタリが出るポイントを記録する手もあるが、そうこうしているうちに、ポイントが遠ざかってしまう。続けて狙うなら、とにかく素早い手返しを心掛け、同一ポイントに仕掛けを投入する

ボートフィッシングの利点を生かし、四方八方へ仕掛けを投入し、釣れるピンポイントを探索する

ボートの移動方向

海中をイメージしながら仕掛けを動かす

ただやみくもに仕掛けを動かすのではなく、サオ先に届く、海底の底質や、海底起伏の情報をもとに、海中をイメージしながら仕掛けを動かすことが大切

海底の窪みなどは、シロギスが集まりやすい好ポイント。いったん仕掛けの動きを止めて、待ちの時間を長くしたり、逆にエサを踊らせてシロギスにエサの存在をアピールする

砂地に根が点在する場所

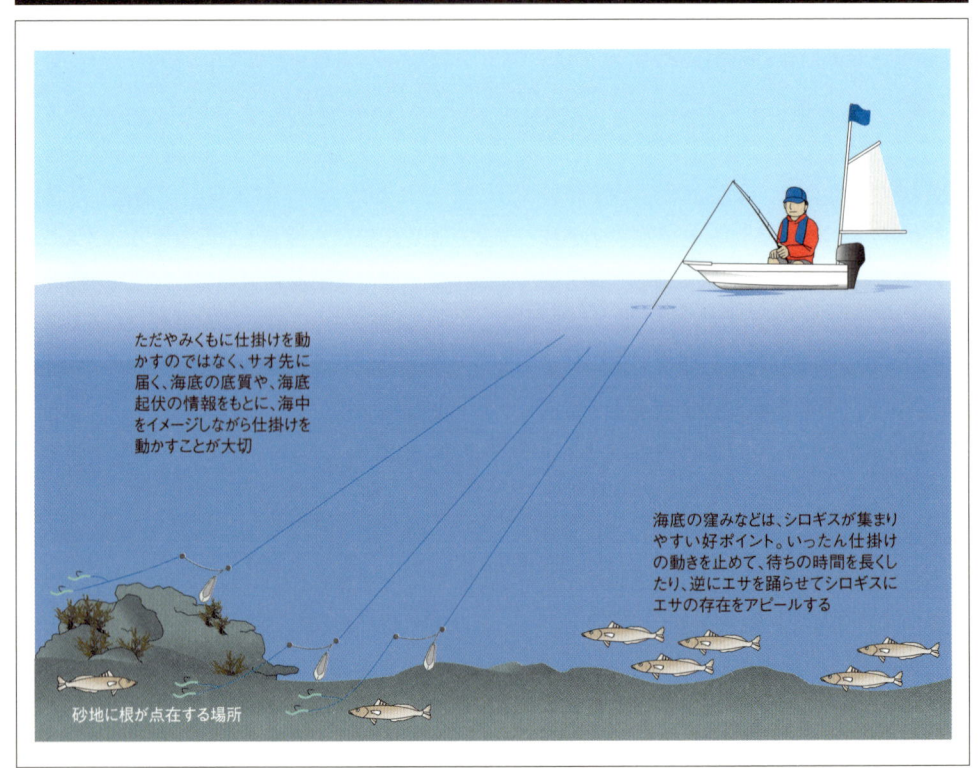

くなったら、ボートを流し直した方がいいが、根掛かりを恐れていたら、良型が望めないのも事実。そのあたりの判断が、操船者兼釣り師であるマイボートフィッシングの難しいところだ。

ボートコントロール

シロギスを狙う時のボートコントロールは大きく分けて3通りある。

基本的にはアンカリングしてボートを止めて釣る方法が一般的で、固定したボートを中心に四方八方へ仕掛けを投入して探ることになる。ただし、アンカリングした一カ所で一日中釣れ続けることはめったにないので、アタリがなくなったらアンカーを上げ、別のポイントへ移動すべきである。また、アンカーの打ち直しを省くため、アンカーロープを長く伸ばして、ボートの振れ回る範囲を広げるテクニックや、きっちりアンカリングせずに走錨させながら釣るテクニックも有効だ。

より広範囲を狙う時に有効なのが、シーアンカーを使った流し釣りだ。潮流や風まかせでコースが決まるので、広い砂地を攻めるときに適しているが、常にボートが流れているため、好ポイントを探り当てても、そのポイントを継続的に攻めることが難しい。そんな時は、ポイントを発見した時点ですぐに山ダテし、アンカリングして狙った方がいい。

アンカリングしての釣りやシーアンカーでの流し釣りは、エンジンを止めた状態での釣りなので、浅場のデリケートなシロギスを狙うのに適している。特に気象条件の影響を受けやすい浅場では、時として急な水温低下でシロギスの活性が下がることもある。そんな低活性時は、少しでも警戒心を与えないようにするためにも、エンジンを

釣り上げた直後のシロギスは本当に美しい

止めての釣るのが鉄則だ。

スパンカーを使った流し釣りは、エンジンを回しながらの釣りとなるので、経験的には水深20メートル以深のポイントを攻めるのに向いている。スパンカーの張り方とボートの推進力を調節することで、流すコースや流すスピードをある程度コントロールできるので、良型シロギスが揃う岩礁地帯の隙間にあるような小さな砂地を攻めることが可能となる。このようなポイントでは、遠方へキャストするとかえって根掛かりするので、仕掛けはボート下に垂らすだけでいい。魚探で砂地をチェックしながらの釣りとなるのでやや忙しくなるが、このようなピンポイントは、遊漁船もあまり攻めないのでヒットするシロギスのサイズが大きく、外道としてカワハギなども釣れる。ぜひ狙っていただきたい。

タックル＆仕掛け＆エサ

サオ サオは、7：3調子でオモリ負荷8〜15号のものが適している。長さは1.8メートル前後が狭いボート上でも扱いやすく、お勧めだ。

シロギスは有名メーカー製の高価なキス

必釣の極意

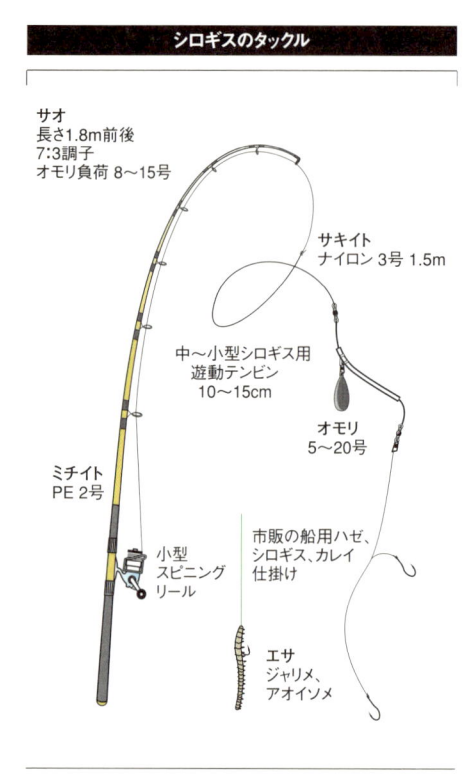

スモールボートで楽しむ海のマイボートフィッシング

ターゲット01　シロギス

シロギスのタックル

- サオ　長さ1.8m前後　7:3調子　オモリ負荷8〜15号
- サキイト　ナイロン3号 1.5m
- 中〜小型シロギス用遊動テンビン　10〜15cm
- オモリ　5〜20号
- ミチイト　PE2号
- 小型スピニングリール
- 市販の船用ハゼ、シロギス、カレイ仕掛け
- エサ　ジャリメ、アオイソメ

専用ザオを購入しなくても釣ることはできる。しかしながら、高価な専用ザオは低活性時の弱いアタリも取りやすく、軽くて使い勝手がとても良いものばかり。もし、予算に余裕があるなら1本入手することをお勧めしたい。本命も含めて、外道などの大物が掛かったときでも安心感が違うはずだ。

また、勝手気ままが許されるボートフィッシングなので、従来の形にとらわれず、2.7メートル前後の長いサオを使ってみるのも、また違った釣趣が味わえて面白い。最近では、そのあたりに目をつけた長めのシロギスザオを、大手メーカーでも出し始めている。

リール　リールはスピニングリールが一般的で、PEラインの2号を100メートル程度巻けるサイズものが適している。冬場に水深30メートル以上のやや深いポイントを攻める時など、遠投が必要ないときには、小型両軸受けリールでいっこうに構わない。

いずれにしてもボートでのシロギス釣りでは、ほとんどの場合、サオを手に持ってアタリを待つので、リールを選ぶときは、とにかく軽量なものを選ぶようにしたい。

仕掛け　仕掛けは、腕長12センチほどのシロギス用片テンビンに5〜20号のオモリを接続する。オモリの号数は当日、潮流の影響を見ながら適正なものを選定するが、根掛かりなどによるロスも考えられるので、必ず予備のオモリを持参する。片テンビンに結ぶ仕掛けは、全長70センチ前後のものがボート上でも扱いやすく、無難だ。ハリスの太さは1号が標準で、ハリ本数は標準が2本バリ。浅場で活性が高い状況下では1本バリで手返しよく釣った方が効率的な場合もあるので、釣り場の状況によって臨機応変に替えるのが望ましい。

エサ　エサはムシエサが中心。ジャリメやアオイソメが値段も手頃で、入手しやすくお勧めだ。エサの使用量は、実釣時間やエサ取りの発生状況により左右されるので一概に言えないが、ムシエサを使い切ってしまったときのことを考慮し、予備エサとしてバイオワームを持参するといい。バイオワームは余っても、次回の釣行まで十分に保存が利くので重宝する。

エサ刺しは、ムシエサの頭をハサミで切り落とし、その切断面からハリ先を入れ、ハリ本体を隠すように胴中を通してハリ先を少し出す通し刺しにする。垂らす長さは2〜5センチで、食いがいい場合には短めに、食いの悪いときには長めにするといいだろう。

また、エサ取りとしてフグ類が食ってくるときには、ハリスの所までムシエサをたぐり上げないようにするか、横から刺すチョン掛けの方がいい。ハリの横からかじられ、ハリがなくなる被害を減らすのに有効だ。

シロギスの釣り方

　ボート釣りの場合、仕掛けを投入する方向をある程度自由に選ぶことができ、広範囲を探ることが可能になる。

　釣りやすいのは、潮下方向へ仕掛けを投入する方法。これならミチイトが常に張った状態を保てるので、アタリも取りやすく、仕掛けのオマツリ（絡み）も発生しにくい。

　仕掛け投入後、オモリが着底してミチイトが弛むまでは、リールからイトをどんどん送り込んでいく。これをやらないと、せっかく遠くへ仕掛けを投げ入れても、オモリが着底するまでに、振り子のように仕掛けが足元まで戻ってきてしまう。イトがでるのが止まったところで、すばやくリールを巻き上げ、イトのたるみを取って、アタリを待つ。

　サオは水平よりやや上に構え、そのまま垂直に聞き上げるのだが、風向きや潮流によってはやりづらいときもあるので、状況によって、サオ先を海面に向けた位置にて構えるなど、いくつかのパターンを持っておくといい。

　アタリを待つといっても、ただ単にイトを張ったままじっとしていたら、シロギスではなく、メゴチなどの外道にエサを食われてしまう可能性が高くなる。メゴチが食いつく前にシロギスにエサの存在に気づいてもらうために、エサに動きを与えて誘いをかける必要がある。一番やさしいのはリールでゆっくりイトを巻き上げる方法だが、厳密には底潮の流れや近くにいる外道の活性に応じ、適正なスピードを見つけ出す必要がある。いろいろ試して、本命がヒットしたスピードが正解である。実践で学ぶより他に方法はないといえるだろう。

　慣れてきたら、サオ先を小さくシャクリ、

シロギス用タックルの一例

仕掛けの付けエサが海底から10〜30センチくらい上にフワッと浮き上がるような演出をする上級テクニックにチャレンジしてみるとよいだろう。周りのボートが苦戦する中で1人だけ大釣り、という結果になる可能性もある。

　シロギスのアタリはククッとかコツコツといった具合でサオ先に届く。ここで慌てて大合わせをしてしまうと、同じ群れのシロギスを驚かせてしまうことになるので、大合わせは禁物だ。慌てずにスーッと軽くサオを立てるだけでハリ掛かりするので、あとは小さな大物のヒキを堪能しながら、ゆっくり一定のスピードでリーリングする。テンビンが海面に見えたら巻き上げをストップして手につかみ、サオを置きつつ、仕掛けをたぐってボート内に入れる。この際、水面下にパールピンクに輝く美しいシロギスが見えてきたら、きっちり山ダテしてポジションを確認しておき、再び同じポイントを攻めてみるとよいだろう。

スモールボートで楽しむ海のマイボートフィッシング
必釣の極意

ターゲット02

≪ 付録DVDで実釣解説

カワハギ

醍醐味はエサ取り名人との真剣勝負

冬が近づくころから、カワハギは肝で下腹の部分が大きく張ってくる。食味の面ではその味が海のフォアグラと称されるほどおいしく、様々な料理に展開できる。釣趣の面では、サオ先を強く叩く鋭い引きが魅力だが、その一方で、釣れそうで釣れない難しさがゲーム性を高め、釣り師を熱くさせる魚として人気の的となっている。

	1月	2月	3月	4月	5月	6月	7月	8月	9月	10月	11月	12月
釣期	■	□	□	□	□	□	□	□	□	■	■	■

	10m	20m	40m	60m	80m	100m	120m	140m	160m	180m	200m	220m
水深	■	■	■	■	□	□	□	□	□	■	■	□

難易度　易　★　難　易　★　難
ポイント ■■■■■□□□□□□□
釣り方　■■■■■□□■■■■□

カワハギはこんな魚

　カワハギはカワハギ科に属し、本州全域の沿岸に分布している。暖流系の魚なので寒い冬などは水温が比較的高い深みに集まり越冬するが、春から秋までは陸地に近い浅場で生活する。古くから釣りのターゲットとして各地で親しまれていて、ハゲ、キンチャクなど多くの地方名を持っている。

　全体的に左右に扁平なひし形の体形で、いわゆるオチョボグチの口先と、頭部と腹部にツノがあるのが特徴である。体色は灰褐

斑紋模様が美しい釣り上げた直後のカワハギ

色や肌色に近いものなど多様で、斑紋模様も濃いものや薄いものなど様々だ。体長は35センチくらいにまで成長するが、30センチオーバーはなかなか出ず、25センチ級でも良型として扱われている。

カワハギは、胸ビレ、背ビレ、尾ビレなどを巧みに動かし、前後左右へと思うがままに動くことができ、釣り人が垂らしたエサをハリからコッソリと盗むのが上手いことから、エサ取り名人という異名を持つ。また、繊細なアタリをキャッチすることが求められる点が淡水のヘラブナ釣りと似ていることから海のヘラブナ釣りなどと呼ばれることもある。それだけカワハギ釣りは、釣り師を熱くさせる、ゲーム性の高い釣りとなる。

カワハギの魅力は、釣趣ばかりではない。料理する場合には、名前のとおり簡単に皮を剥ぐことができるうえ、食味も抜群。特に秋から冬にかけては肝が肥大し、脂も乗ってくるので、薄造りのキモ和えや鍋もの、フライなど、何を作っても大変おいしく、それがまたさらに熱烈なファンを増やしている。

生息場所とポイントの選定

カワハギの分布は本州全域に広がっており、沿岸近くの水深5〜70メートルの岩礁帯と、その周りの砂泥地に生息している。

縄張りを作って生活しているので群れを形成せず、単独で行動することが多い。スキューバダイビングで海中のカワハギを観察すると、確かに1尾で行動しているものがほとんどだ。しかし、水中にてエサを撒くと、先ほどまでの縄張り争いがなかったように、皆一斉にエサに向かって集まってくる。どうやらエサの魅力には勝てないようだ。

水温が高い夏場には水深20メートル前後に広く分布するが、水深が浅いものの一

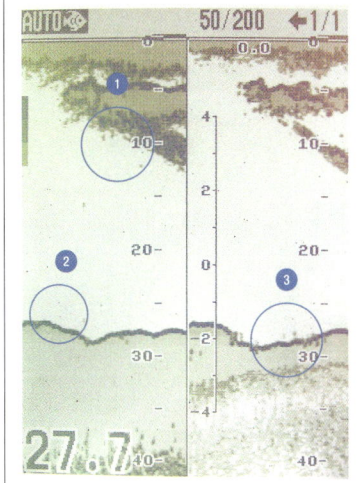

魚探画面 ❶

水深30メートル弱に広がる平根と砂地が混在するカワハギの好ポイント

❶ イワシらしき魚群反応
❷ 高さに比べて横方向が大きく、全体として平べったく見える岩礁帯を平根と呼ぶ
❸ ちょうどこの辺りは平根と平根の間にある隙間のような砂地。よく見ると魚の反応が映っているが、これが本命のカワハギなのか、それとも定番外道のキタマクラやササノハベラなのか、定かではない。とにかくこのような反応を見つけたら、急いで仕掛けを投入してみよう

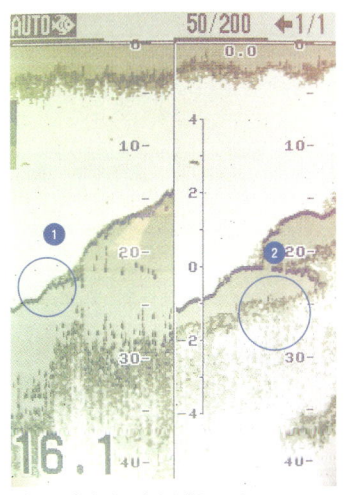

魚探画面 ❷

砂地に点在する小さな根のひとつ

❶ カワハギの数釣りを楽しめたのは、根を上り始める手前のこの辺りだった
❷ 根の頂上付近には、スズメダイの魚群反応がまるで根の一部であるかのように濃い反応として表現されている

緒に行動する個体数が少ないため、魚探で群れの反応を見つけるのは難しい。ポイント探しは、もっぱら魚探画面では海底地形を観察し、生息していそうな岩礁帯と、その周りの砂泥地を探ることになる。

逆に水温が下がる冬場には、50メートル前後の岩礁帯付近が狙いめだ。過ごしやすい水温を求めて移動するため、冬場には

必釣の極意

スモールボートで楽しむ海のマイボートフィッシング

ターゲット02　カワハギ

魚探画面③

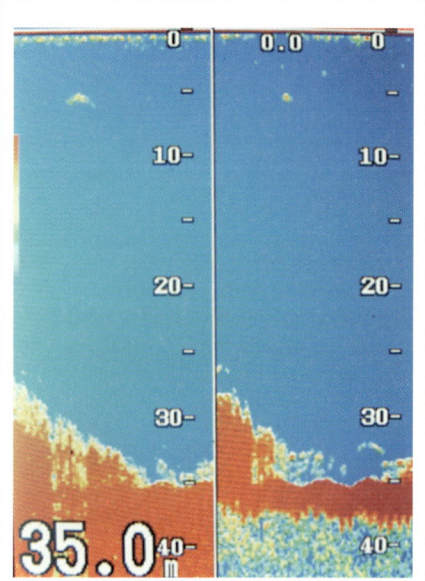

秋から冬にかけて攻めるべきやや深場のカワハギポイントの魚探画面である。岩礁と岩礁の間の砂地付近に魚の反応が映っているが、正体は不明である。このような反応を見つけたら、ボートを砂地の上に戻し、急いで仕掛けを投入しよう

魚探画面④

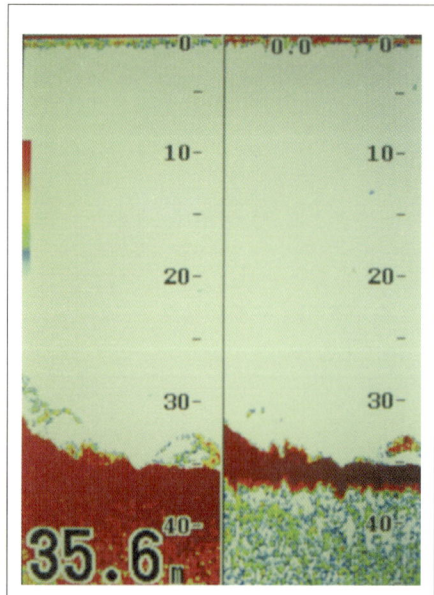

高根からダラダラ続く岩礁帯で、カワハギのほかにもメバルや小アジなど、多くの魚が集まる好ポイントだ。カワハギ狙いでは、キタマクラやベラ類が多く交じるので、外道が釣れ始めたら少しずつポイントを移動した方が得策だ

一定の水深付近に集まる傾向がある。こうなると、魚探でも海底付近に映る魚群として反応をキャッチできる可能性がある。ただし、魚探反応だけでカワハギと断定するのは難しく、最終的には仕掛けを投入し、釣ってはじめて確認できることになる。

　魚探画面①～④は、2周波併記モードの状態を撮影した画像で、画面左が周波数50キロヘルツ、右が200キロヘルツによる表示画面となっている。

　魚探画面①は、過去に良型カワハギを釣り上げた実績ポイント付近で撮影したもの。付近一帯の水深は30メートル弱で、平根と砂地が混在するカワハギの好ポイントとなっている。平根とは、根の高さに対して底面積が大きく全体として平べったく見える岩礁帯のことで、スキューバダイビングで水中の様子を観察していると、こうした平根の上部や平根の周囲で、多くのカワハギを確認できる。

　魚探画面②は、過去にカワハギの数釣りができたポイント付近で撮影したもの。画面に映っているのは砂地に点在する小さな根で、根の頂上付近にはスズメダイの魚群反応が、まるで根の一部であるかのように濃い反応として映っている。このポイントで実際にカワハギが釣れたのは、根に上り始める手前の根際の砂地だった。

　魚探画面③は、水深25メートル前後から一気に35メートルまでカケ下がる岩礁帯があり、その周囲の砂地にはやや小さな岩礁が点在する場所である。毎年秋から冬にかけて、この付近では肝の大きくなったカワハギやウマヅラハギが高確率で釣れるポイントだが、流し釣りにて狙う場合には魚群探知機の水深計を小まめにチェックしないと、根掛かりが頻発する場所でもある。

　魚探画面④は、頂点の水深が30メートル

の高根からダラダラ続く岩礁帯で、潮通しの良い場所なので多くの魚が集まる好ポイントだ。ただし、外道も多く、カワハギ狙いのアサリエサではキタマクラやベラ類がひっきりなしに食ってくる。仕掛け投入直後から外道が食ってしまうような状況なら、新しいポイントを求めてボートを移動させた方が得策だ。

ボートコントロール

カワハギを狙う時のボートコントロールで一番手軽なのは、アンカリングしてボートを止めて釣る方法だ。ただし、カワハギが釣れる好ポイントを探し出し、その真上にボートを止めることが最重要課題となることはいうまでもない。また、たとえ好ポイントにアンカリングできたとしても、カワハギがいつまでも釣れ続けることはほとんどなく、たいていの場合は、2時間もしないうちにアタリが遠のいてしまうことになる。

気の向くままにポイントを変更できるボート釣りでは、アンカーを引き上げ、別のポイントへ移動したくもなるが、その前にやって欲しいことがある。アンカーロープの長さを少しずつ伸ばすことでボートの位置を動かし、新たなポイントを探すテクニックだ。

ロープを伸ばすということは、アンカリング位置とボートを結んだ延長方向だけの移動にとどまるが、実際には、風や潮流の向きが変わった際には、ボートが振れ回る範囲が大きく広がる。広範囲を探ることのメリットは大きく、うまく好ポイントにアンカリングできれば、1回のアンカリングで1日中、楽しむことも可能になる。そのためにも、アンカーロープは水深の5倍前後の長さまで伸ばせ

ボートコントロールの要点 ❶

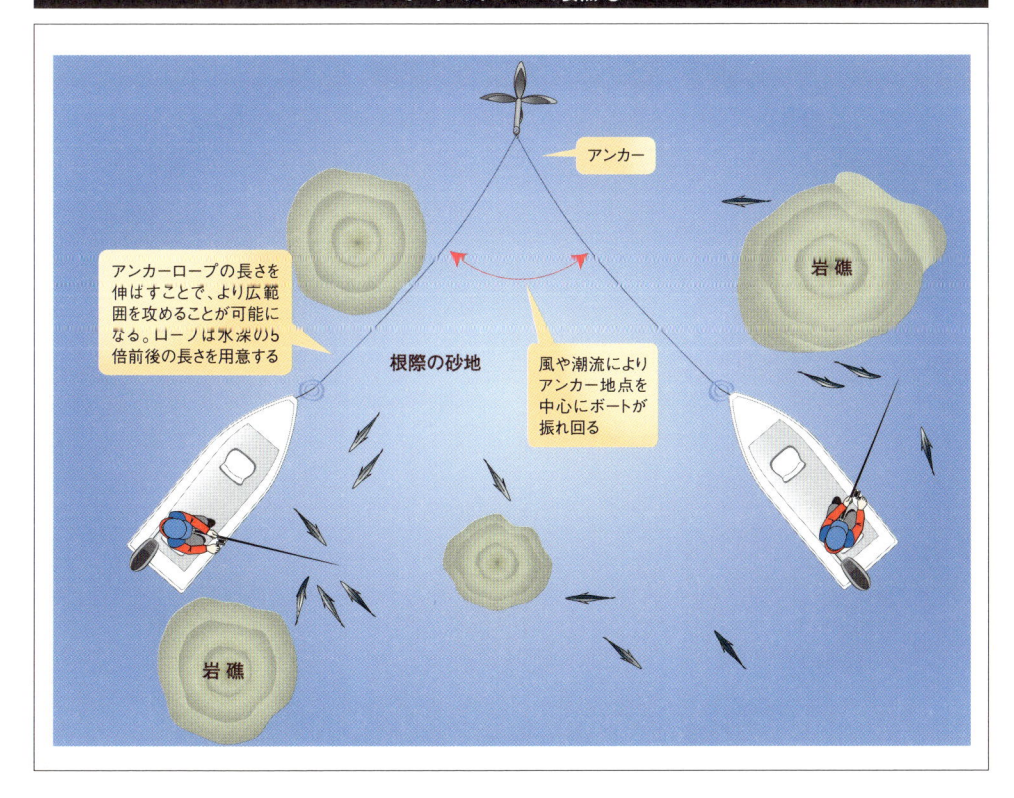

- アンカー
- アンカーロープの長さを伸ばすことで、より広範囲を攻めることが可能になる。ロープは水深の5倍前後の長さを用意する
- 岩礁
- 根際の砂地
- 風や潮流によりアンカー地点を中心にボートが振れ回る
- 岩礁

スモールボートで楽しむ海のマイボートフィッシング
必釣の極意

| ターゲット02 | カワハギ |

ボートコントロールの要点 ❷

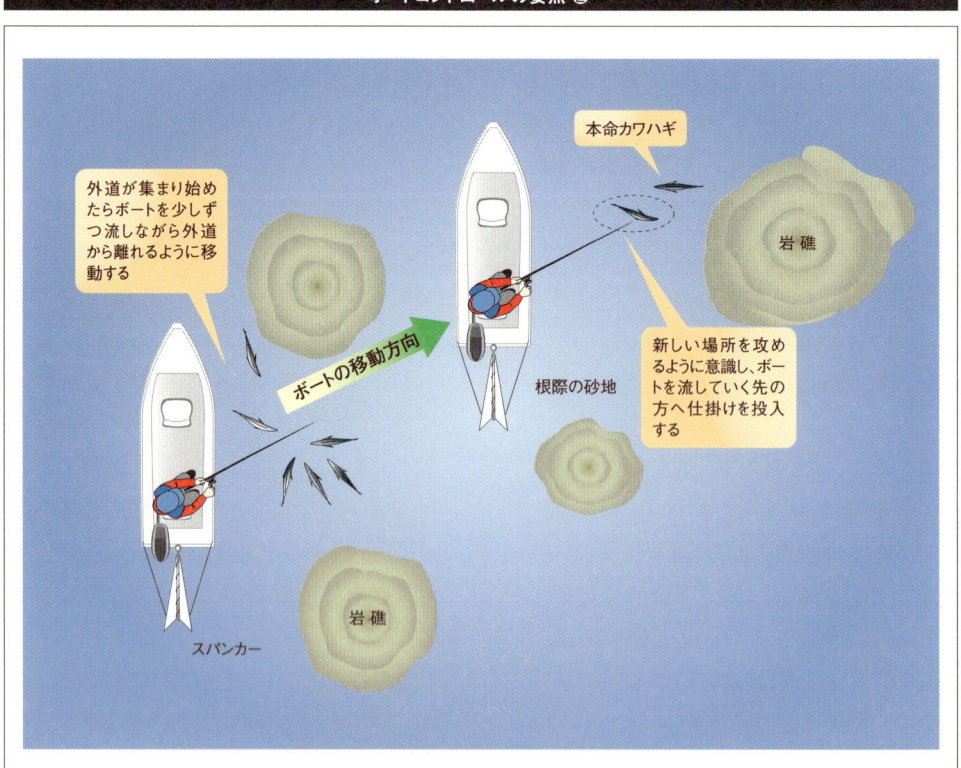

- 外道が集まり始めたらボートを少しずつ流しながら外道から離れるように移動する
- ボートの移動方向
- スパンカー
- 岩礁
- 根際の砂地
- 本命カワハギ
- 新しい場所を攻めるように意識し、ボートを流していく先の方へ仕掛けを投入する
- 岩礁

代表的な3通りの釣り方

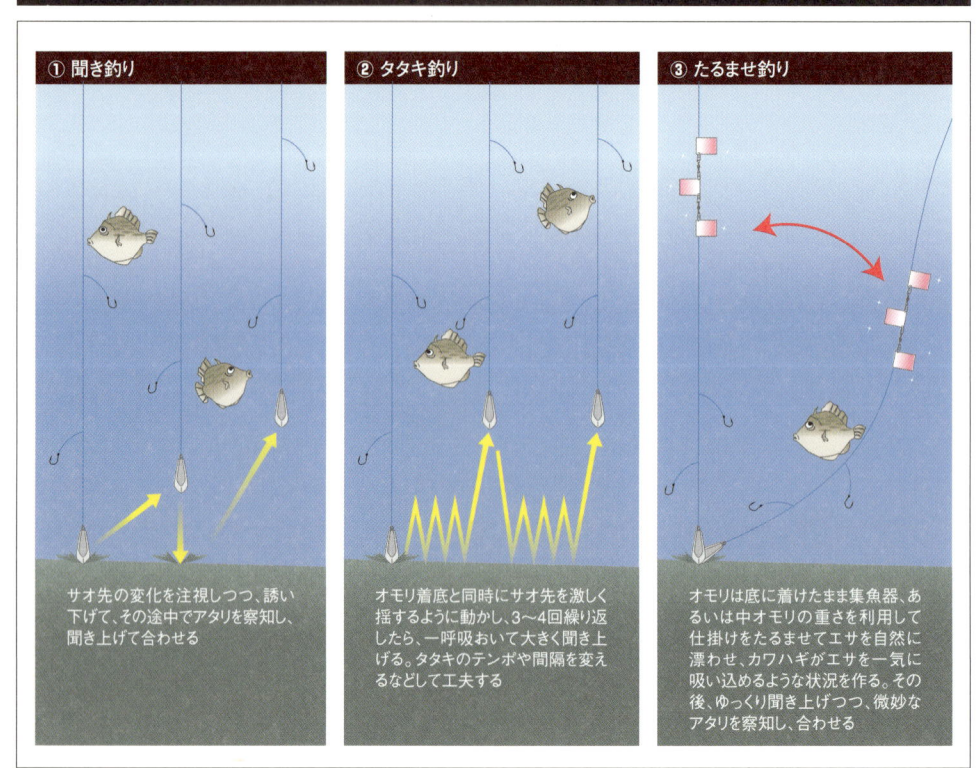

① 聞き釣り
サオ先の変化を注視しつつ、誘い下げて、その途中でアタリを察知し、聞き上げて合わせる

② タタキ釣り
オモリ着底と同時にサオ先を激しく揺するように動かし、3〜4回繰り返したら、一呼吸おいて大きく聞き上げる。タタキのテンポや間隔を変えるなどして工夫する

③ たるませ釣り
オモリは底に着けたまま集魚器、あるいは中オモリの重さを利用して仕掛けをたるませてエサを自然に漂わせ、カワハギがエサを一気に吸い込めるような状況を作る。その後、ゆっくり聞き上げつつ、微妙なアタリを察知し、合わせる

るものを用意した方がいいだろう。

　カワハギ狙いのボート釣りでは、当日の状況に合わせて様々に対応ができるスパンカーを使った流し釣りが有効である。流すコースや船速をコントロールすることで、外道のエサ取りを避けるように少しずつポイントを移動する上級テクニックも可能。ただし、スパンカーの張り方とボートの推進力を調節する操船技術が必要で、これができないと、かえって釣りづらいものとなってしまう。特にボートスピードの調整が不十分だと、仕掛けをタナに合わせられず、カワハギの泳層から離れたところにエサを漂わせてしまうことになる。また、海中に入っていくミチイトが斜めすぎると、カワハギからの小さなアタリをキャッチしづらくなり、知らず知らずのうちにエサを取られることも多い。

　流し釣りで魚探を確認しつつカワハギを掛けると、次第にカワハギが好む海中の様子がつかめるようになり、新規のポイント開拓でも有効な手掛かりになる。サオ先ばかりを注視せず、魚探画面をこまめにチェックすることも必要だ。

タックル＆仕掛け＆エサ

サオ　微妙なアタリをキャッチしてハリ掛かりさせる釣り方なので、サオの調子、穂先の感度の良さが、サオを選定する際のキーポイントとなる。

　サオは8：2調子で、オモリ負荷20〜30号程度のものが適している。長さは1.5〜1.8メートルが扱いやすいだろう。有名メーカーのカワハギ専用ザオは穂先の感度が高く、小さなアタリも取りやすい。また、強靭なカワハギの上顎にハリを貫通させるだけのバットパワーを備えている。予算に余裕のある人は、こうしたサオを入手してもみるの

良型カワハギのヒキは強烈だ

もいいだろう。一度でもカワハギ専用ザオを使うと、それ以降は汎用ザオを使えなくなってしまうほど、その扱いやすさには雲泥の差がある。

リール　リールは小型両軸タイプで、ハンドルを回すと、クラッチがフリーからオンに自動的に切り替わるものがおすすめ。PEラインの2号を100メートル程度巻けるサイズが適している。

　カワハギ釣りは手返し回数が多いので、巻き上げを早く行えるものを選んだほうが効率は良い。また、掛かったカワハギの食い上げに対処するためにも、早巻きが可能なものの方がバラシの低減にもつながる。ちなみに、ここでいう早巻きとはスプール径の大きさからくる早巻きではなく、ギア比の高いものを選ぶという意味である。常に手持ちとなるカワハギ釣りでは、サオとのバランスを考え、軽量で、小径スプール、さらにギア比5以上のものがお勧めだ。

仕掛け　仕掛けはドウヅキ2本針か3本針の仕掛けが基本で、自分で作ることもたいして難しくはない。ところがカワハギ仕掛けに関

必釣の極意

スモールボートで楽しむ海のマイボートフィッシング

| ターゲット02 | カワハギ

カワハギのタックル

- サオ 長さ1.8m 8:2調子 オモリ負荷20～30号
- ミチイト PE2号
- 集魚板
- 回転ビーズ
- ハリス 2号×3cm
- ミキイト 3号×70cm
- 2号×3cm
- 小型両軸受けリール
- 70cm
- 親子サルカン
- 2号×5cm
- オモリ 25号
- ハリ ハゲバリ系 5号
- エサ アサリ、アオヤギ、オキアミ

する。水深50メートルくらいのやや深いポイントや、潮が濁っているときに使用すると効果的である。

エサ 一般的にエサには新鮮なアサリが使われるが、アサリにこだわる必要はない。魚屋で入手できる生の貝類であればほとんどが使用可能で、ハリへの付けやすさ、エサ持ちの良さなどを基準に、いろいろ試してみると楽しい。また、釣具店に真空パックで売られているバイオワームを小さく切ったものでも十分通用するので、釣行時に予備としてカバンに忍ばせておくと重宝する。外道が多い海域もあるので、エサはたっぷり用意しておくに越したことはない。

どんなエサにもいえることだが、カワハギの食い込みを良くするためには、ハリ先を出さないようにして、できるだけこぢんまり付けるのがコツだ。

カワハギの釣り方

この釣りの魅力は何といっても難敵相手に、してやったりという喜びを味わえることだろう。ハリ掛かりさせることが難しいものの、掛かればカンカンカンと伝わる金属的なヒキ味は格別で、この感触を味わいたくてカワハギ病にかかってしまったボート釣り師も多い。

釣法は大きく分けると以下の3通りとなる。

1．聞き釣り 3通りのうちで最も簡単かつ基本的な釣法といえる。サオ先の変化を注視しつつ、仕掛けの長さの半分くらいを誘い上げたり、誘い下げたりして、その途中でアタリを察知し、聞き上げて合わせる。アタリを取りやすいようイトを真っ直ぐ垂らせるような状況に向いている。

2．タタキ釣り オモリを底に着けたまま、サオ先を激しく揺するように動かし、イトを

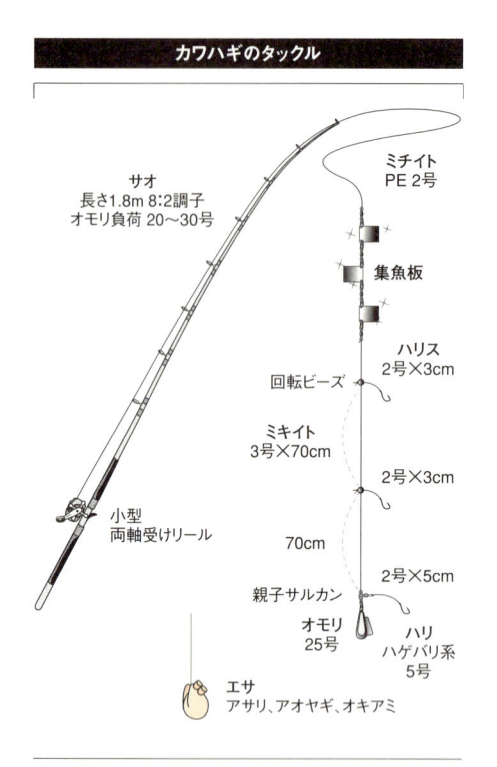

しては、市販品にも優秀なものが出回っているので、使ってみる価値はある。ハリの種類や、エダ間、ハリスの号数と長さなど、種類も実に豊富で迷ってしまうほどである。

ハリスの接続方法も、直結式と交換式の2種類が存在する。アタリの出やすさでは、直結式が有利だが、カワハギ釣りではハリスの交換を頻繁に行うので、交換式の方が実際の使い勝手も良く最近のトレンドになっている。ハリスの長さは短いほうがアタリが取りやすく、合わせも利く。ハリには様々な形があり、それぞれに一長一短があるが、後述する聞き釣りには、ハリ先が開いているハゲバリが向いている。一方、たるませ釣りならセイゴタイプやチヌタイプの丸バリ系が向いている。

集魚器 好奇心が旺盛なカワハギに対し、エサの存在を気付いてもらうためのアイテムが集魚器である。貝殻、プラスチック、金属製などがあり、色や形も様々なものが存在

緩めたり張ったりして、3～4回ほど仕掛けを小刻みに揺さぶる。エサが海中で揺れ動くことで、好奇心旺盛なカワハギをエサに寄せ、活性を高める効果がある。ただし、この状態ではエサが動きすぎていて食べることができない。その後、ゆっくりと聞き上げると、カワハギはチャンスとばかりに食ってくるので、ハリ掛かりさせるために合わせる。

3. たるませ釣り　この釣りは、這わせ釣りとも呼ばれている。集魚板や中オモリを使って、仕掛けをたるませつつ海底に這わせ、その間にエサを自然に漂わせてカワハギがエサを一気に吸い込めるような状況を作ってあげる。その後、ゆっくり聞き上げつつ、微妙なアタリを察知し、合わせる。

　ここでポイントとなるのは、上記の3つの釣法のうち、1通りの釣法だけを続けるのではなく、状況に応じて変化させていく必要があるということだ。潮流や水温、潮色によって魚のタナや活性は変わるので、素早くそれらに対応した釣法を選択していく必要がある。上手な人ほどその状況に合った釣法をいち早く見つけ、どんどん釣果に差をつけていく。中には3通りをミックスしたような釣法で実績を上げている人もいて、そのあたりが場数を踏んだベテランとビギナーのウデの差となる。

　それぞれの釣法に合致した仕掛けもあるが、それらは専門書に譲るとして、最後にボートフィッシングにおけるカワハギ釣りの工夫例について少しばかり紹介しよう。

▶**工夫1. ハリ数を多くする**
　エサ取り名人を相手にするだけに、ハリ数を多くすることで、手返しの頻度を抑える。

▶**工夫2. ハリスを短くする**
　小さなアタリを的確にキャッチするため、ハリスをさらに1センチ程度にまで短くする。

カワハギ用タックルの一例

▶**工夫3. 仕掛けをもう1セットスタンバイしておく**
　エサを付けた仕掛けをもう1セット用意しておき、手返しのたびごとに仕掛け全体を付け替えることで手返し時間を短縮できる。

▶**工夫4. 実釣途中でのエサの変更**
　本命カワハギのみならず、外道まで活性が低いようなときは、イチかバチか、エサを変更してみる。以前、筆者もアサリからアオイソメに替えた途端に釣れ始めたことがあり、決して侮れない戦法だ。

＊

　カワハギは釣り人を熱くさせるターゲットの筆頭で、ゲーム性も高く楽しい。しかし、ついつい熱くなり過ぎて全神経をサオの穂先に集中すると、周りが見えなくなる恐れがある。ボートフィッシングでは他船が接近してこないか？　天候や海況が変化する恐れがないか？　常に見張りの励行をお忘れなく。

スモールボートで楽しむ海のマイボートフィッシング
必釣の極意 ターゲット03 《 付録DVDで実釣解説

アオリイカ

釣りのスタイルに特徴がある人気のターゲット

アオリイカは沿岸近くに生息することから陸っぱり釣り師の間でも大人気のターゲットとなっている。古くから各地に様々な釣法が存在するが、大きく2つの釣法に分けることができる。1つはアジなどの生きた小魚を使った釣りで、もう1つが日本古来のルアーである餌木を使った釣りである。後者はエギングと呼ばれ、ボートフィッシングにおいても大ブレーク中だ。

	1月	2月	3月	4月	5月	6月	7月	8月	9月	10月	11月	12月
釣期					■	■				■	■	

	10m	20m	40m	60m	80m	100m	120m	140m	160m	180m	200m	220m
水深	■	■	■	■								

難易度	易 ★ 難 易 ★ 難
ポイント	■■■■
釣り方	■■■■■

アオリイカはこんなイカ

　アオリイカは、暖流の流れる沿岸に生息し、太平洋側では仙台湾あたりが北限で、日本海側では青森あたりまで生息する暖温帯系のイカである。

　イカには大きく2つのグループが存在する。1つは胴の中に石灰質の甲を持つコウイカ目のグループ。もう1つが、透明で細長い軟甲を持つツツイカ目のグループで、アオリイカは後者のグループに属している。胴体の全長にわたって半円形のヒレ(エンペラ)があるのが特徴。大きなものでは胴長50センチを超え、重さも4キロくらいにまで成長するが、他のイカ類と同様に1年でその生涯を終えると考えられている。

　同じツツイカ目のヤリイカやスルメイカは大規模な回遊をするが、アオリイカは季節が変わっても遠くに移動せず、水温の変化に応じて同じ海域内で水深の浅い場所と深い場所を行き来する定着性の強いイカと考

えられている。主に水深30メートルよりも浅い場所を生活の場としているため、古くから親しまれていて、バショウイカ、モイカ、ミズイカなど、各地に様々な呼び名がある。

アオリイカは食味が素晴らしく、刺身はもちろん、和・洋・中どんな料理にも使えてイカの中では最高級に位置付けられる。

生息場所とポイントの選定

アオリイカの釣期は長く、大型が釣れる春先から夏までの時期と、やや小ぶりのものが数多く釣れる秋頃に二分される。5～8月頃になると大型のものが産卵のために浅場へ上ってくるので釣りやすくなるのと同時に、その卵から孵化したイカが秋頃に300グラムぐらいにまで成長し、活発にエサを追い回すためだ。

生息場所はカワハギのポイントと似通っている。スキューバダイビングで海中に潜り、その事実を何度となく確認した。水深は、春先から夏までの時期が水深5～20メートルで、秋になると水深20～40メートルとやや深くなる。地形的には岩礁帯やゴロタ石が砂地と接する境目付近で、海藻が生えている場所が狙い目となる。

魚探画面①、②は、どちらも2周波併記モードの状態を撮影した画像で、画面左が周

アオリイカ以外にコウイカが乗ることもある

魚探画面 ①

❶ 餌木をロストしないよう常に海底起伏を気に留めながらボートを操船する
❷ 根際の砂地にはアオリイカの他にも季節に応じてコウイカ、カミナリイカ、ケンサキイカも集まる。海藻が生えている場所は、小魚の隠れ場所にもなっている。アオリイカは産卵のためだけではなく、小魚を捕食するために海藻が生えている周辺を回遊する
❸❹ 尾引きの長さの違いは、底質の違いを意味している。長い方が密度の高い岩礁などで、短い方が密度が低い砂地などの底質と判断できる

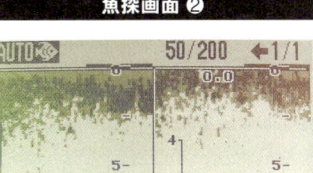

魚探画面 ②

❶ ダイビングでは、このようなカケアガリに沿って数ハイのアオリイカが泳いでいるところをよく見かける
❷ これは小アジの反応。居着きのものではなく、ときどきボート下に回遊してくる小アジだ。小アジはアオリイカの大好物でもある
❸ こんもりした高低差5メートルほどの海底起伏の頂上付近に、小魚と海藻やソフトコーラルが映っている

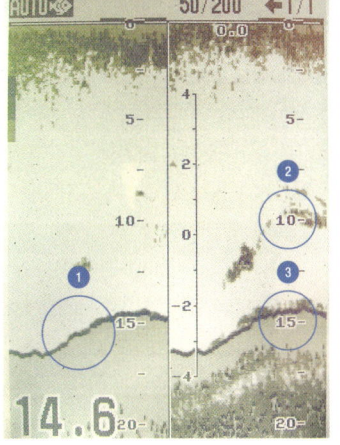

魚探画面 ③

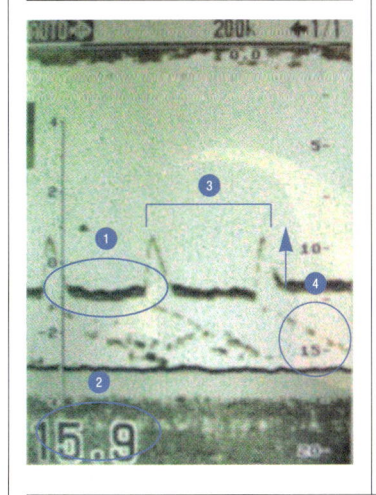

❶ 中オモリの軌跡。シャクリ動作後は常にミチイトを張った状態に保つので、中オモリが一定の水深となり、魚探にはこのように表現される
❷ 常に水深の変化に注意し、イトを出し入れすることで海底付近に餌木が泳ぐように演出する
❸ シャクリの間隔は10～15秒に1回
❹ シャクリ上げによって上昇した餌木が自然落下していく軌跡

必釣の極意

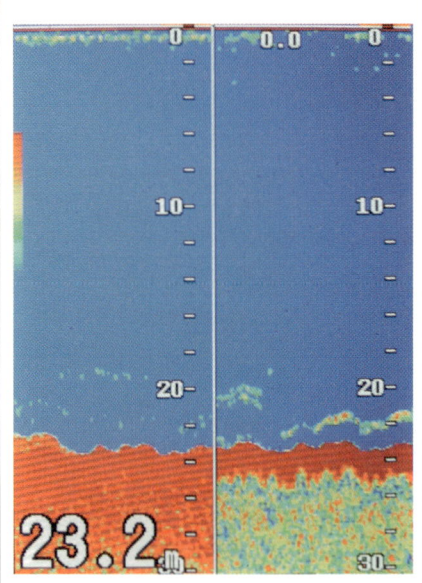

スモールボートで楽しむ海のマイボートフィッシング

ターゲット03　アオリイカ

魚探画面❹

平根は水深変化が少なく、ボートを流しながらの餌木シャクリ釣法には最適なポイントだ。魚群探知機にて魚群反応を見つけたら、急いで餌木を投入しよう

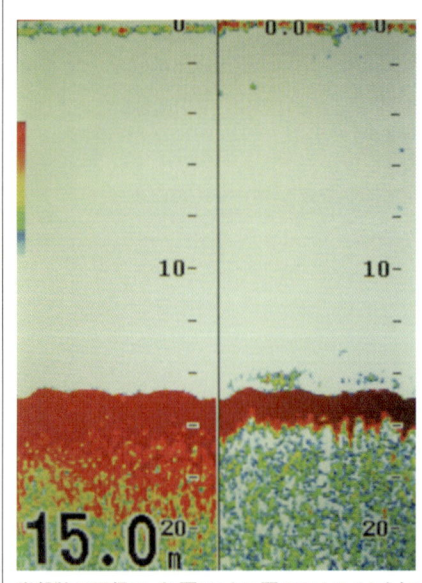

魚探画面❺

岩盤状の平根で、初夏に1キロ弱のアオリイカを何杯も釣った実績ポイント。海藻が多く生えているので根掛かりが頻発するが、アオリが寄る条件が揃った好ポイントなので根掛かりを恐れず狙ってみよう

波数50キロヘルツ、右が200キロヘルツでの表示となっている。

　魚探画面①は、アオリイカの実績ポイント上を釣り上げた時と同じようにボートを流して撮影した画像で、水深16メートルの砂地には高さ5メートルほどの岩礁帯が存在している。この画像では明確な海底形状が現れているので、岩礁帯と砂地を推測できるが、なだらかな海底起伏では岩礁帯なのか砂地なのか判断が難しいこともよくある。そこで、このような場合には尾引きの長さに注目する。その長さに顕著な差があれば、底質が異なる可能性大。尾引きが長い方が硬い岩礁帯で、短い方が砂地と推測できる。

　この画像では、岩礁帯の際に、薄っすらとモワモワした海藻の反応が映っている。小魚の反応も見られ、アオリイカの格好の寄り場となっていることが分かる。

　魚探画面②も、アオリイカの実績ポイント上を釣り上げた時と同じようにボートを流して撮影した画像である。画面を見ると、こんもりした高低差5メートルほどの海底起伏の頂上付近に、小魚と海藻、またはソフトコーラルが映っている。

　アオリイカは大きな群れこそ作らないものの、単独で行動することは少なく、たいていは2～10ハイで行動している。釣ったポイントを繰り返し攻めると追い釣りできる可能性も高くなるので、実績ポイントは山ダテやGPSで位置情報を記録するとともに、ヒットした時の魚探による海底地形の様子をつかんでおきたい。

　魚探画面③はこの釣法での水中における仕掛けの動きを魚探でとらえた画像である。画面には、中オモリと餌木の軌跡がしっかりと映り、10～15秒に1回のペースでシャクリを行っているのが、中オモリの軌跡

から確認できる。

シャクリ上げた中オモリの下2ヒロくらいのところに餌木があり、約10秒かけて海底付近まで自然落下している。

魚探画面④は、水深23メートル前後の平根で、海底から3メートルまでの範囲に魚群反応が映し出されている。アオリイカはこれら小魚を求めて寄ってくる。魚探画面でアオリイカ自体の反応を特定するのはほとんど困難だが、岩礁帯付近にて小魚と思われる魚群反応を見つけたら、近くにアオリイカが居ると信じて、餌木を投入してみよう。

魚探画面⑤は、初夏に1キロ弱のアオリイカを何バイも釣ったポイント上を釣り上げた時と同じようにボートを流して撮影した画像である。海底の特徴は水深15メートル前後に広がる岩盤状の平根である。

画面右側の反応例を見てわかるように海底付近に魚群らしき反応が映っている。実際に餌木をシャクってみると、海底すれすれにタナ取りしたはずの餌木が何度も根掛かりし、回収した餌木には昆布のような海藻が毎回引っ掛かっていた。このことから、魚探では判断しづらいが、この平根のところどころに海藻が生えていて、それがアオリイカの寄り場となる理由と考えられる。

ボートコントロール

アオリイカを狙うには様々な釣法が存在するが、ここでは伝統的な餌木を使ったシャクリ釣法を行う上でのボートコントロールを紹介する。

この釣法では、ボートをゆっくり流すのが理想で、速さは1メートルの距離を流すの

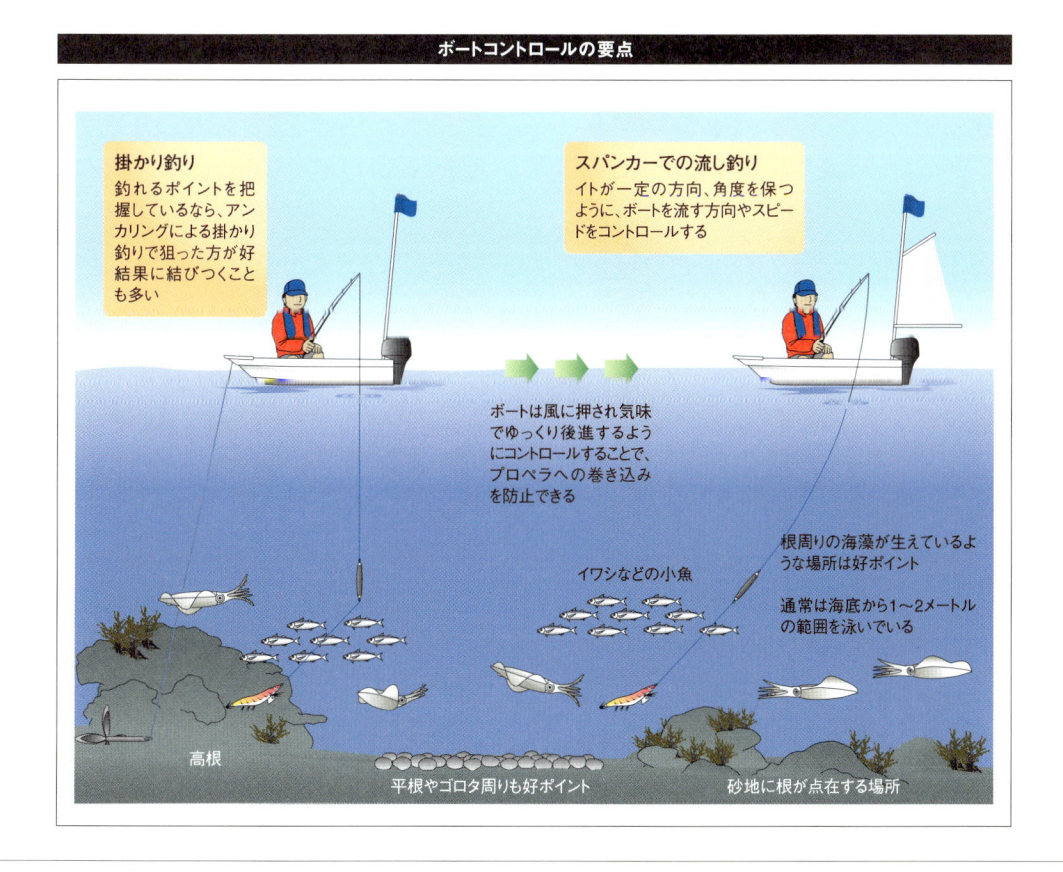

ボートコントロールの要点

掛かり釣り
釣れるポイントを把握しているなら、アンカリングによる掛かり釣りで狙った方が好結果に結びつくことも多い

スパンカーでの流し釣り
イトが一定の方向、角度を保つように、ボートを流す方向やスピードをコントロールする

ボートは風に押され気味でゆっくり後進するようにコントロールすることで、プロペラへの巻き込みを防止できる

イワシなどの小魚

根周りの海藻が生えているような場所は好ポイント

通常は海底から1〜2メートルの範囲を泳いでいる

高根　　　平根やゴロタ周りも好ポイント　　　砂地に根が点在する場所

スモールボートで楽しむ海のマイボートフィッシング
必釣の極意　｜ ターゲット03 ｜ アオリイカ

餌木シャクリの海中イメージ

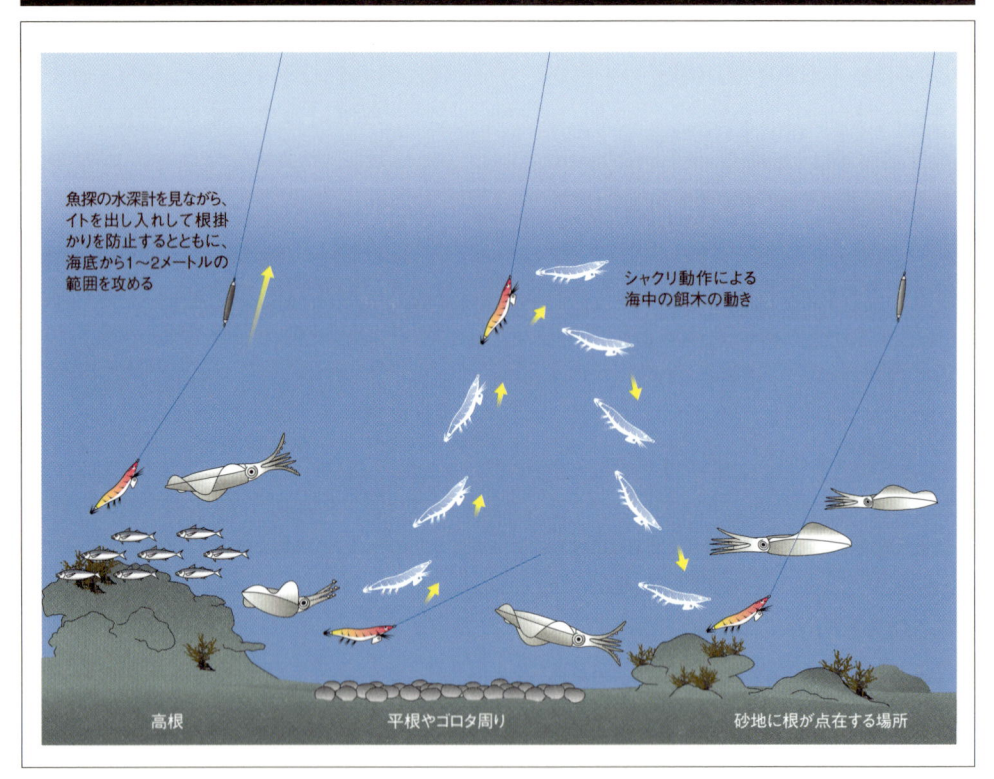

魚探の水深計を見ながら、イトを出し入れして根掛かりを防止するとともに、海底から1〜2メートルの範囲を攻める

シャクリ動作による海中の餌木の動き

高根　　平根やゴロタ周り　　砂地に根が点在する場所

　に10秒ほどかかるくらいのゆっくりしたペースが望ましい。スパンカーを装備していれば、そのスピードを作りやすいが、当日の風力、表層潮流の状況によっては、アンカーなしでの自然な流しが適したスピードになることもある。ただし、イトが一定の方向、角度を保つようにボートを流す必要があり、これが意外と難しい。

　前述したようにアオリイカの好ポイントは岩礁帯やゴロタ石が砂地と接する境目付近であり、魚探でチェックすると水深が目まぐるしく変化する。

　アオリイカは通常、海底から1〜2メートルの範囲で泳いでいる。餌木がその範囲内を漂うようにタナ取りするためには、魚探の水深計を見ながら、海底起伏に合わせて、イトを出し入れする必要がある。その際、魚探の周波数は高周波を選ぶと探知範囲は狭くなり、ボート直下のより正確な水深を表示することができる。正確なタナ取りを行うためには、ボートの流れる方向や速さが変化しないように操船する必要があるが、この苦労は釣果面だけでなく、餌木の根掛かり防止にも有効なものとなる。

　スパンカーを使って流し釣りを行う場合は、船外機のプロペラに回収時の仕掛けを絡ませないように注意する。特に表層潮流が速い状況では、回収途中で餌木が潮下の方へ流れやすくなる。中オモリまで回収した時点で、船外機のミッションをニュートラルに切り替え、プロペラの回転を停止した方が、仕掛け巻き込みを防止できるので無難である。

　ここまでは流し釣りのボートコントロールを紹介したが、アオリイカが高確率で釣れるポイントを把握しているなら、アンカリング

による掛かり釣りで狙った方が好結果に結びつくケースも多くある。流し釣りにしろ、掛かり釣りにしろ、餌木シャクリ釣法で要となるのは、餌木をいかにアオリイカの目前にタナ取りできるかと、いかに餌木を小魚に見せ掛けることができるか、この2点にかかっていると言っても決して過言ではない。

タックル&仕掛け&餌木

　餌木シャクリ釣法で使用するタックルには、リールを用いるものと用いないものが存在する。後者で用いるサオは手バネと呼ばれ、グリップ部分よりサオ先側に糸掛けが付いていて、ミチイトはこの部分に巻き付ける。手バネはリールを使わないので、タックル全体が軽く、シャクリ動作を楽に行えるのが特徴だ。古くから漁師が使っているタックルで、アマチュアの中にもこの独特の釣趣が好きで、手バネを愛用している人が多くいる。しかし、ここでは初めての人でもイトのトラブルが少なくて扱いやすい、リールを用いたタックルを紹介していく。

サオ　サオは、6：4調子でオモリ負荷20号ぐらい、長さは1.2～1.8メートルのサオが扱いやすい。各社からアオリイカ専用ザオが発売されているが、それでないとダメということは一切なく、キスザオやブラックバス用のルアーロッドで代用している人も多い。できるだけ軽量なものを選ぶようにしたい。また最近では2.1～3.3メートルのメバルザオを使う人も現れている。バット部分が長い分、両手でシャクることができるので、1日使ったときの疲労感が意外と少ない。また、軟調の長ザオが大きく弧を描いて曲がるのはなんとも言えず気持ちがよく、釣趣もなかなかいい。ただし、シャクることで穂先部分にイト絡みが発生すると、狭いボート上では解く際に苦労するので、スモールボートであれば2.7メートルくらいまでにとどめた方が無難である。

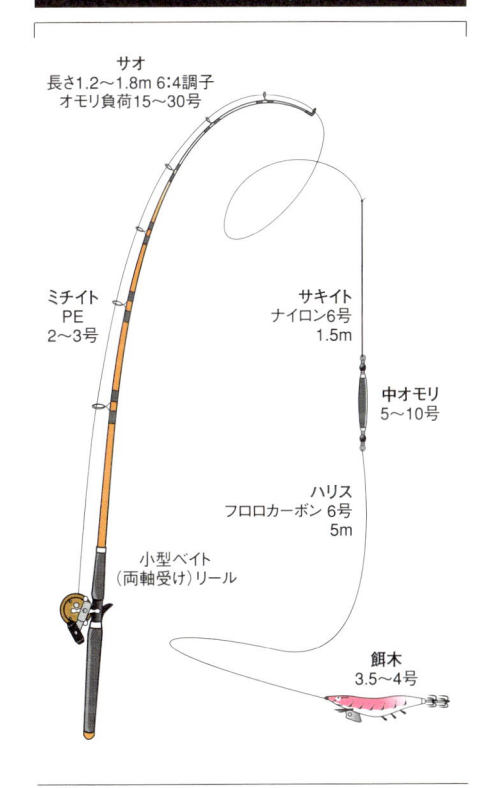

リール　PEラインの2号を100メートル程度巻けるサイズのものが適している。両軸受けリールでもスピニングリールでも構わないが、大切なのは重量。とにかく軽量なものを選ぶようにする。

仕掛け　仕掛けは、5～10号の中オモリの先にフロロカーボン6号のハリスが5メートルで、その先に餌木をつけるだけと、いたってシンプルである。

餌木　サイズは3.5、もしくは4号が適している。この2サイズなら大して釣果面での差とならないが、どちらかというと3.5号の方が、秋口などの比較的小さなアオリイカや外道のコウイカ類が乗りやすい。

　形状は沈下姿勢や沈下速度に影響を与

アオリイカのタックル

- **サオ**　長さ1.2～1.8m 6：4調子　オモリ負荷15～30号
- **ミチイト**　PE 2～3号
- **サキイト**　ナイロン6号 1.5m
- **中オモリ**　5～10号
- **ハリス**　フロロカーボン6号 5m
- **小型ベイト（両軸受け）リール**
- **餌木**　3.5～4号

ターゲット03　アオリイカ

えるが、それこそ千差万別で、これがいいとはなかなか言えない。色に関しても、同様に選択が難しい。

　イカの活性は、天候、潮の濁り具合、エサとなる小魚の有無など、さまざまな条件や要素によって変わるので、正直いってつかみどころがはっきりしない。私の場合、水中でのアピール度の高い、派手なカラー（蛍光オレンジ系や蛍光ピンク系）をメインに揃えている。これらの色の餌木を選ぶと釣れる確率が高くなると感じている。

　いずれにしてもあれもこれもと買い揃えるより、まずは同じシリーズ、同じ重さで、色の種類を少しずつ増やしていった方がいい。

　これまでの経験では、ボートフィッシングの場合には、遊漁船での釣りと違ってアオリイカの群れの中に落ちる餌木の数が少ないので、アオリイカの活性さえ高ければどんな餌木にでも乗ってくるというのが、正直な感想だ。

アオリイカの釣り方

　投入はまず最初に餌木を遠くへ投げ入れて、続いて中オモリをボートの船べりから軽く落とせばいい。ただし、餌木の投入時にハリスを足元で踏んでいたり、ボートのどこかに絡んでいたりしたら投入に失敗するので、座席付近は常に整理整頓しておこう。

　リールからのイトの出が止まったら中オモリが着底した証拠なので、クラッチをつなぎ、糸フケを取り除く。この状態から、ハリス分またはハリス分プラス1メートルほどイトを巻き、餌木が海底スレスレか、海底から1メートルくらい上を漂うようにする。

　この釣法では、海底の餌木をイメージ通りにシャクることが大切である。釣果は、一にポイント、二にシャクリダナと言っても過言ではない。10〜15秒に1回くらいの間隔でシャクリを入れ、餌木を2〜3メートルほど浮かせ、再びゆっくり沈めていく。

　この動作を繰り返し行うとともに、魚探を見ながら水深の変化に注意する。浅くなってきたら、その分だけイトを巻き取り、深くなったらその分だけイトを出す。

　シャクリ上げた際、ガツンという衝撃とともにサオ先が曲がったら、アオリイカが乗った知らせで、そのままリーリングを開始する。サオの傾きは上方45度ぐらいをキープし、巻き上げは一定速度で行う。

　リールのドラグは緩めにセッティングしておく必要があり、このセッティングを怠るとイカの足が身切れを起こしてバラシの原因となる。ただし、イカの引きに応じてイトを出し過ぎると、イカから餌木が外れてしまうことがあるので、適度なテンションを保ちつ

アオリイカ用タックルの一例

キロ級になるとヒキも強烈だ

つヤリトリを行わなければならない。

　取り込みには必ずタモを使う。ときどき、アオリイカの根っこを持ってハンドランディングする人を見掛けるが、安全にそして確実に取り込むためにはタモが必要となる。タモの使用は、取り込み時にアオリイカをバラさないだけでなく、タモの中でスミをいっぱい吐かせたうえでボート内へ取り込めるという利点もある。

　シャクリ動作を繰り返していると、ときどき餌木が海底の海藻などに根掛かりすることがあるが、太めのハリスを使っていれば、ボートを少し戻すだけで餌木を回収できる可能性が高い。この釣りはハリスの太さはあまり釣果に影響しないので、あらかじめ太めのハリスを使う。太いハリスは、ボート上の仕掛けさばきでオマツリを減らすのに役立つので一挙両得である。

"イカ五目"にチャレンジ！

　こだわりのテーマを持って目標にチャレンジできるのは、勝手気ままが許されるボートフィッシングらしい楽しみ方といえます。何か目標を決めてチャレンジすることが、ボートライフをより楽しく、張り合いのあるものとしてくれるのです。

　私の場合、ここ数年こだわっているテーマのひとつに、イカの五目釣りがあります。遊漁船でのイカ狙いというと、やれ竿頭だの、トップ何杯だのと、数ばかりが前面に出てしまいますが、発想をまるっきり変えて、イカ狙いは数ではなく、種類を追求するというのはいかがでしょうか。

　ご存じのように、アオリイカ、マルイカ、ヤリイカ、スルメイカ、コウイカなど、イカにも種類がいろいろあります。イカの五目釣りというのは、それらの中から5種類を一日で釣るというもので、ボートフィッシングではかなり難しいテーマといえるでしょう。

　遊漁船などでも、餌木を使ったシャクリ釣りで3種類くらいのイカが釣れてしまうこともありますが、それは釣れちゃったというだけであって、偶然性によるところが大きいといえます。

　せっかくマイボートでイカを狙うのであれば、ターゲットに合わせたポイントを見つけ出し、使用するタックルもターゲットに合わせて工夫しましょう。"釣れた"ではなく、"釣った"といえるようなイカの五目釣り。資源保護の観点にもマッチした、新たな楽しみ方なので、ぜひ皆さんもチャレンジしてみてください。

スモールボートで楽しむ海のマイボートフィッシング
必釣の極意

ターゲット04

≪ 付録DVDで実釣解説

マゴチ

浅場で狙える夢の大物ターゲット

小魚を泳がせて狙うハモノ釣りの中でも、浅場で狙える大物として人気の高いターゲットがマゴチだ。小さくても40センチ、大きなものでは60センチオーバーに達する魚体の大きさと強烈なヒキで、「1尾釣ったらもう病みつき」となるのも無理はない。ただ、初めての1尾を釣るまでの道のりは、案外、険しいのも事実であり、それだけに釣り上げたときの感激は大きなものとなるターゲットだ。

	1月	2月	3月	4月	5月	6月	7月	8月	9月	10月	11月	12月
釣期						■	■					

	10m	20m	40m	60m	80m	100m	120m	140m	160m	180m	200m	220m
水深	■	■										
難易度	易 ポイント			★		難	釣り方	易		★		難

マゴチはこんな魚

マゴチはカサゴ目コチ科の魚で、東北地方以南以西の沿岸の砂地に生息している。

サンショウウオのようにも見えてしまう容姿で、見た目は少しグロテスクだが、食味については白身の高級魚であり、洗い、潮汁にしても最高だ。

マゴチは砂底に生息し、海底付近に身を伏せて、獲物である小魚やエビ類を待ち受けている。照りゴチという愛称があるくらい太陽がギラギラ照り付ける夏に旬を迎えるマゴチは、産卵のために浅場へやってくる6～7月が釣期としては絶好のシーズンとなる。この時期は、エサを盛んに追うため釣りやすくなり、波打ち際から目と鼻の先の超浅場でも狙えることから、陸っぱり釣り師の間でも人気が高い。

フィッシュイーターなので、生きエサならではの釣りの魅力が味わえる。釣れるマゴチのサイズも大きく、時にヒラメな

ど他のハモノがヒットする可能性があるので、夢のある釣り物として、沖釣りファンからも人気が高い。

生息場所とポイントの選定

　マゴチが釣れるポイントの水深は、浅い場合は2メートル、深くても30メートルほどである。シロギス並みに浅く、また、その海域も比較的穏やかなところが大半だ。

　マゴチが好む底質は砂泥で、地形的には平坦な場所ではなく、窪みなど凹凸のある場所を好んで生息する。遊泳層は海底から50センチくらいまでであることを、スキューバダイビングで確認した。

　マゴチは浅場に生息する魚だが、海底を這うように泳いでいるため、魚探でマゴチ自体の反応を見つけるのは困難だ。底質や海底起伏、そして砂泥質の海底に点在する小さな根を見つけることにより、マゴチのポイントもある程度予測がつく。

　魚探画面①～⑤は、どれも2周波併記モードの状態を撮影した画像で、画面左が周波数50キロヘルツ、右が200キロヘルツの表示となっている。

　魚探画面①は、マゴチが釣れた実績ポイント上を、釣り上げた時と同じようにボートを流して撮影した画像である。水深14メ

カタクチイワシはマゴチやメバルの大好物

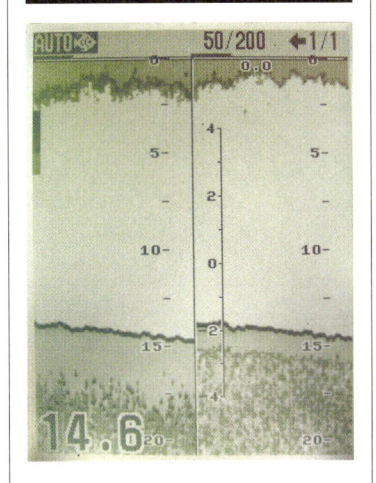

魚探画面❶

水深10メートル前後の砂地で、シロギスやメゴチが釣れるポイントには必ずといっていいほどマゴチも生息している。浅場で狙える夢のある大物ターゲットのマゴチを狙ってみよう。この画面には映っていないが、砂地にも窪んでいる場所があるので、そこも狙いめとなる

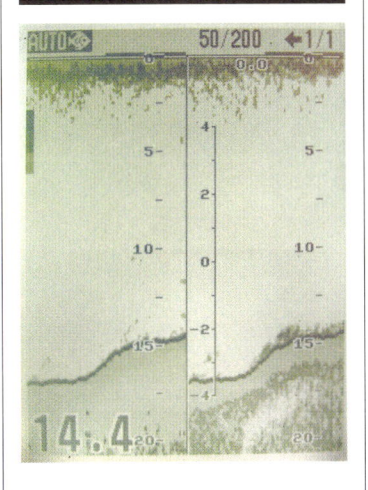

魚探画面❷

根際の砂地ではマゴチ以外にも多彩なハモノがヒットするので面白い。その代表格がヒラメで、マゴチと同様に浅場でも思わぬ大物がヒットする。しっかりしたタックルで挑もう

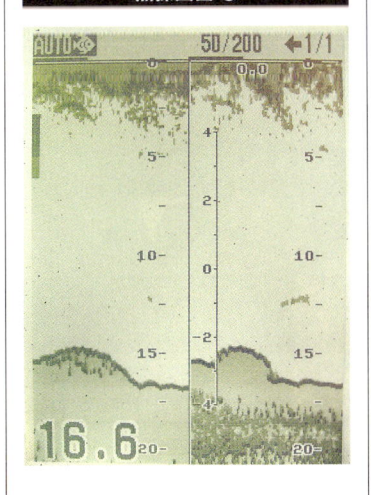

魚探画面❸

水深12メートル付近に小さな魚群反応が見つかる以外にはこれといった反応が映っていない。ハモノが捕食行動をとったことで小魚の群が散ってしまったのか、それとももともと小魚が居着いてない場所なのか定かではないが、底物の小魚は必ず居るので、ハモノ仕掛けを下ろしてみよう

スモールボートで楽しむ海のマイボートフィッシング

必釣の極意

ターゲット04 ｜ マゴチ

魚探画面④

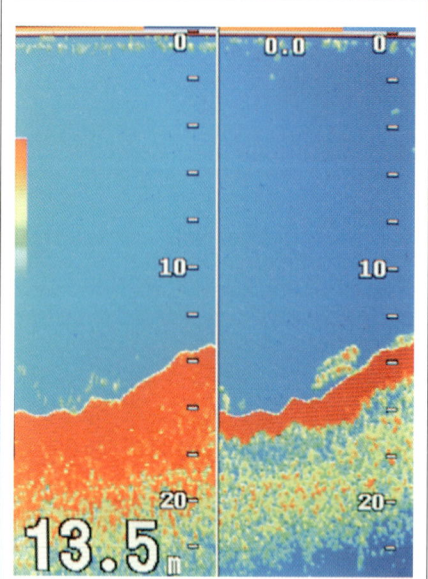

13.5m

カケアガリ部分の小さな魚群反応はスズメダイやネンブツダイだと推測できる。ネンブツダイに関してはヒラメ狙いの生きエサとして使用できるので、生きエサ確保に困ったら使ってみることをお勧めする

魚探画面⑤

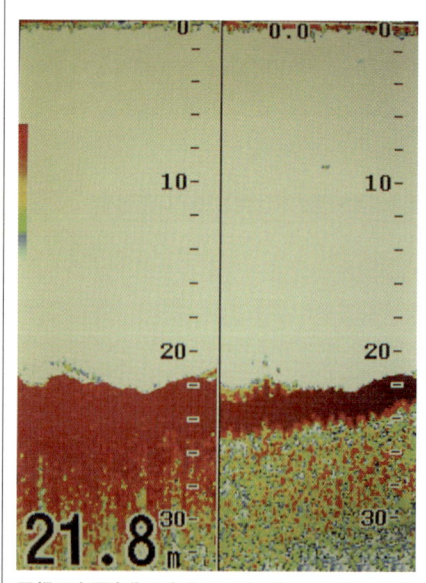

21.8m

平根は水深変化が少ないので、ボートを流しながらハモノを狙える。やや高めのタナ設定で、青物などが食ってくることもあるので、決して油断できないポイントだ

ートルの砂地は、シロギスやメゴチを狙う際にごく一般的に攻める水深だが、これらを主食とするマゴチも同一ポイントに間違いなく生息している。

　魚探画面②では、水深17メートルの砂地に高さ4メートルほど岩礁帯が存在している。この根際付近と根の傾斜部付近に小魚が群れているのが映っている。魚種は判定できないが、砂地の小魚は、隠れ場所を求めて根周りに集まりやすく、マゴチもその小魚を追って根際の砂地に寄って来る。

　魚探画面③は、高さ2メートルほどの岩礁帯から砂地の方へボートを流した際の反応例で、水深12メートル付近に小さな魚群反応が見つかる以外には、これといった反応が見つからない。ただ、岩礁帯周りの砂地には、魚探には映り難い底物の小魚が必ず居着いているので、ハモノ仕掛けを下ろしてみると面白い。

　魚探画面④は、水深16メートルの平根から続く高さ3メートルほどの傾斜地で、そのカケアガリの部分に小さな魚群反応が映っている。反応の正体はスズメダイやネンブツダイだと推測できるが、このネンブツダイに関してはヒラメ狙いの生きエサとして使用できるので憶えておくといい。事実、ネンブツダイを捕食中のヒラメをダイビング中に見つけたことがある。

　このように水深が変化するポイントでは小まめに底立ちを取り直し、常に適正なタナにイワシや小アジなどの生きエサを泳がせておく必要がある。

　魚探画面⑤は、水深22メートル前後の平根で、海底付近のところどころに小さな魚群反応が映っている。少し高めにタナを設定しておくと、青物が食ってくる確率もアップする。また、ヒラメも捕食の際、宙層まで浮かんでくる。ただし、この場合の生きエ

ボートコントロールの要点

無風～微風の場合

ノーアンカーでの流し釣り
ボートを上潮に乗せてゆっくり流すことで広範囲を探る。流しかえは簡単に行えるが、置きザオ釣法の場合には、イトが入っていく方向に注意する必要あり

シーアンカーでの流し釣り
ボートの移動方向やスピードは風と潮流まかせだが、広範囲を探ることができるので広い砂地や平根での釣りに向いている

やや風がある場合

走錨させながらの流し釣り
石やブロックを引きずりながらボートの移動スピードがゆっくりになるようコントロールする

むろん、スパンカーを使った流し釣りでもOK。
どんな手段で流すにしても、ハモノが生きエサに食いつき、違和感なく十分のみ込むことができるようなゆっくりしたスピードでボートを流すことが大切

岩礁帯付近で小アジが常に群れているようなポイントでは、アンカリングしてじっくりアタリを待つ方が好結果につながる

岩礁帯周辺にはイワシや小アジが集まりやすく、それを目当てにヒラメや青物などのハモノも多く集まる

シロギスやヒメジ、メゴチなど、砂地に生息する小魚を目当てにマゴチは潜んでいる

青物／ヒラメ／高根／砂地に根が点在する場所／石やブロックを引きずる／マゴチ

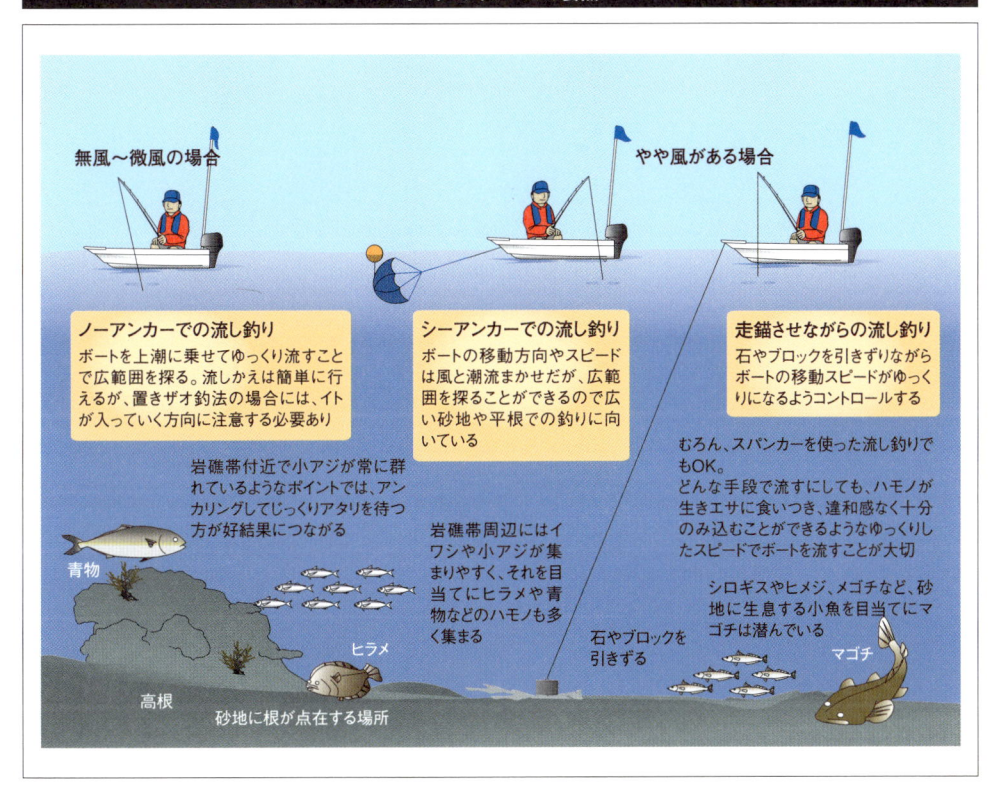

サは、砂地の底物であるシロギスやメゴチを使うよりも、本来、宙層を泳ぐ習性のあるイワシや小アジを使う方がいい。

イワシや小アジはウロコが光って目立つうえに動きも活発なので、シロギスやメゴチを使うよりも格段にアピール度が上がってヒット率がアップする。

ボートコントロール

マゴチを狙う時のボートコントロールは大きく分けて2通りある。

ひとつはシーアンカーやスパンカーを使ってボートを流しながら釣る方法で、もうひとつはボートをアンカリングして同じ場所に止めて釣る方法だ。

流し釣りの場合、広範囲を流すことで、生きエサとして使うための小魚（シロギス、メゴチなど）が多く釣れるポイントを発見しやすい。その付近を集中して流し変えることで、食物連鎖で本命となるマゴチがヒットする可能性がアップする。

ただし、流すスピードが速すぎるとハモノが警戒して食い込まないので、1メートルの距離を流すのに10秒ほどかかるくらいのゆっくりした船速になるようにボートをコントロールする必要がある。図で示したように、石やブロック製のアンカーを使用することで走錨させるテクニックが有効だ。

広範囲を狙う時に有効な流し釣りは、広い砂地を攻めるときに適している。しかしながら、常にボートが流れているので、好ポイントを探り当ててもそのポイントを継続的に攻めることが難しい。そんな時は、好ポイントを発見した時点ですぐに山ダテし、ボートを止めて釣る方法に切り替えるといい。

スモールボートで楽しむ海のマイボートフィッシング
必釣の極意

| ターゲット04 | マゴチ |

マゴチをはじめとしたハモノの釣り方

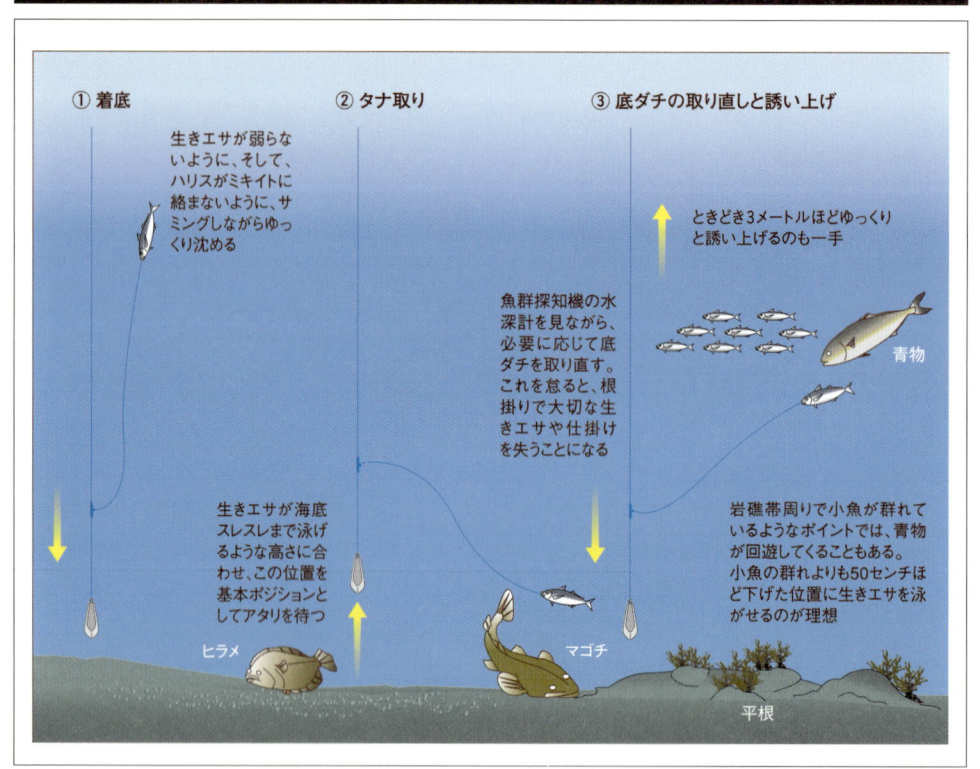

① 着底
生きエサが弱らないように、そして、ハリスがミキイトに絡まないように、サミングしながらゆっくり沈める

② タナ取り
生きエサが海底スレスレまで泳げるような高さに合わせ、この位置を基本ポジションとしてアタリを待つ

魚群探知機の水深計を見ながら、必要に応じて底ダチを取り直す。これを怠ると、根掛りで大切な生きエサや仕掛けを失うことになる

③ 底ダチの取り直しと誘い上げ
ときどき3メートルほどゆっくりと誘い上げるのも一手

岩礁帯周りで小魚が群れているようなポイントでは、青物が回遊してくることもある。小魚の群れよりも50センチほど下げた位置に生きエサを泳がせるのが理想

ヒラメ　マゴチ　青物　平根

　一方、アンカーを下ろし、ロープの長さを調節する場合は、好ポイント上にきっちりボートが止まるまで、何度でもアンカーを打ち直す。

　マゴチ以外のハモノも同時に楽しむためには、広い砂地よりも、ある程度の岩礁が交じるポイントの方が面白い。そのような場所では、ボートを流すコースやスピードをある程度コントロールできるスパンカーを使った流し釣りが適している。岩礁帯付近に生息する小魚（イワシ、小アジなど）が多く釣れるポイントを見つけ、その付近を集中して流し変える。これによって、マゴチ以外のハモノがヒットする可能性がアップするのである。

　スパンカーを装備していないボートの場合は、小魚が釣れるポイント付近にアンカリングすることで、マゴチ以外のハモノ釣りを楽しむことができる。いずれにしても、岩礁混じりのポイントで付近は水深変化が著しいので、常に魚探を見ながら水深と海底起伏をチェックし、こまめに底立ちをとって、正確なタナ取りを心掛けよう。

　このようなポイントでは、ヒットするマゴチのサイズが大きく、さらにはヒラメや根魚、青物など高級魚が目白押し。夢のある釣りが楽しめる。

タックル＆仕掛け＆エサ

サオ　サオは、5：5調子でオモリ負荷30〜50号、長さは2.7メートル前後が適している。とりわけ大事なのがサオの調子。肉眼では見えない海底の起伏が、手に取るように分かるような穂先のものを選びたい。エサの小魚が泳ぐのをキャッチでき、そして数

少ないアタリを敏感に伝えてくれるサオが必要だ。

また、ボートの揺れを吸収するとともに、一気にはエサを飲み込んでくれないマゴチやヒラメに違和感を与えることのない柔軟さが求められる。その上で、しっかりとハリ掛かりさせ、大物の抵抗もサオの強度と弾力で耐え、ハリス切れなどのバラシを防ぐサオが理想である。

リール　リールは両軸タイプが一般的で、PEラインの4号を200メートル程度巻けるサイズの手巻きリールが適している。マゴチやヒラメは青物のように走り回るわけではないが、ある程度の突っ込みにはドラグを滑らせて対応しないとハリス切れを起こすので、設定したとおりに働くドラグ性能が優れたものがいい。

また、終日、手持ちでも苦にならない重さ、大きさのものを選ぼう。

仕掛け　ひと口にマゴチ仕掛けといってもタイプは様々あるが、ここではマゴチの他にヒラメや青物、根魚など、浅場で狙えるハモノに共通して使える、泳がせ釣りの基本仕掛けについて紹介する。

マゴチであれヒラメであれ、ポイント付近における海底の特徴、釣況、釣法によって、ハリスの長さや捨てイトの長さを変更する以外は、仕掛けの基本スタイルには大差がない。

ハリスは5〜6号、細くしても食いがよくなるとは限らない。ハリスの長さは、ボートの揺れが大きな時は1〜1.2メートル、凪のときは0.8メートル前後でいい。

ステイトは、ハリスよりも細い3〜4号で、長さは0.2〜1メートル。タナ取りとも関係してくるので状況に応じて決定する必要があるが、標準を0.5メートルと考えておけばいいだろう。

60センチ級がヒットすることもある

ハリの種類や使用金具も各種あるが、エサをいつまでも元気に保つには、生きエサになるべく負担をかけないシンプルな方がいい。

親バリは、丸セイゴ15〜17号。孫バリは、トリプルフックなどの変形バリを使うと、スレ掛かりの可能性もあるとともに、バラシの低減にもつながる。ただし、生きエサの動きを悪くしたり、寿命を短くすることもあるので、その点を考慮し、使用可否を選択する。

オモリは30〜50号で、当日の潮流を見ながら適正なものを選定する。ただし、根掛かりなどによるロスも考えられるので、必ず予備を持参しよう。

エサ　生きエサを使った泳がせ釣りは、エサが勝負。現地で釣れた小魚を使用するのが基本のセオリーだ。

マゴチを専門に狙うのであれば、メゴチを生きエサに使用すればいいが、根際の砂地でヒラメや青物を同時に狙うのなら、生きエサにはイワシや小アジの方が、多彩なハモノがヒットして面白い。いずれのエサを使用するにしても、ハモノの食欲や攻撃本能を刺激するためには、仕掛けに付けた生きエサが元気に泳いでくれないと意味がない。そのためには、生きエサが弱らないよう素早くハリに付けなければならない。特にイケスから取り出す際に、握りつ

必釣の極意

スモールボートで楽しむ海のマイボートフィッシング

| ターゲット04 | マゴチ |

マゴチのタックル

ハモノ用万能仕掛け

- サオ
  長さ2.7m前後
  5:5または6:4調子
  オモリ負荷30号
- 小型両軸受けリール
- ミチイト
  PE2号、100m
- ミキイト
  6～8号 1m
- 親子クレーンサルカン
  または
  三ツ又サルカン
- ステイト
  3～4号
  0.2～1.0m
- オモリ
  30～50号

カタクチイワシのハリ掛け例

小アジのハリ掛け例

マゴチ狙いの仕掛け

- 鋳込みテンビン
  15～20号
- ハリス
  フロロカーボン
  5号 2m
- ハリス
  5～6号
  0.6～1.2m
- 親バリ
  丸セイゴ 15～17号
- 孫バリ
  トリプルフック

エサ
マゴチ狙い：メゴチ、イワシ、シロギス
ヒラメ、青物狙い：イワシ、小アジ

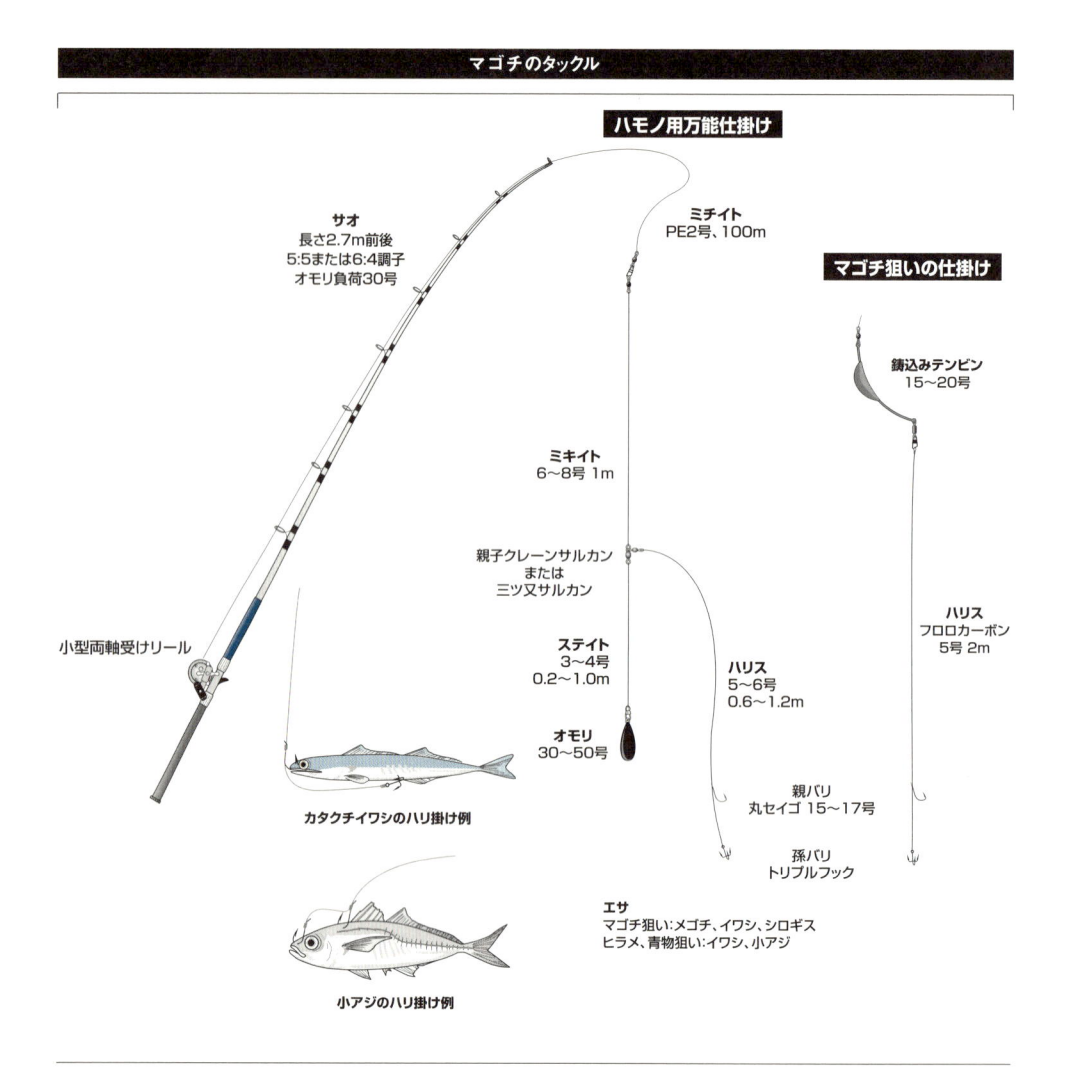

ぶさないようにすることと、手のひらの体温で温めないことが重要で、事前に手のひらを海水で冷やしておくといい。

イワシなどの小魚は、口の中から上アゴの硬いところへハリを抜く。一方、10センチ程度の小型の場合には、口が柔らかくて弱いことも多いので、下アゴから上アゴへハリを抜いたほうが外れにくい。

マゴチの釣り方

マゴチなど浅場のハモノを釣るポイントは次の3点に集約される。まずは新鮮なエサを使うこと。次にきっちりとしたタナ取り、そしてはアワセである。

新鮮なエサの確保は、泳がせ釣りの第一関門。これが成功しないと本命を狙えないので、当然、気合を入れて釣らなければならない。

小魚が集まりやすい海底地形は、いわゆる高根周りで、魚探を使用し、魚群反応を見つけたら、サビキ仕掛けを投入する。釣り上げた生きエサ用の小魚は、手で触れないようにイケスに入れ、新鮮な海水を循環させて、活きが良い状態を持続させる。

新鮮な生きエサが確保できたところで本

命を狙うことになるが、泳がせ仕掛けの投入時は、細心の注意が必要になる。

そっと海に下ろし、ちゃんと泳いでいるかを確認してから落とし込む。さらに、リールのスプールを指で押さえてイトを調節し、ゆっくりと落とし込むほうが、より生きエサに優しく、弱らせなくてすむ。仕掛けを上げるときも、ガンガンとリールを巻くのではなく、普通のスピードで巻き、エサを弱らせないように注意しよう。

タナ取りのもうひとつのポイントは、オモリが着底したあとにハリスの長さ分、仕掛けを巻き上げる位置を基準とし、その日の潮流などによってタナの高低を変化させるということである。その微妙な加減が釣果を左右するといっても過言ではなく、海底起伏に富んだポイントでは、小まめな底ダチの取り直しが重要だ。

アワセについては、タイミングが重要課題となる。アワセのタイミングは、潮流や海況によって難しいと感じる日も少なくない。また、ヒットしたハモノの魚種によって、アワセのタイミングが異なる場合もある。それこそ、この釣りの難しさであり、面白さともいえるだろう。

一応の目安として、まず、ハモノが生きエサを襲う直前にエサが暴れ始めてアタリが届き、次に、ハモノがエサをくわえる時にアタリが届くということを覚えておこう。さらにくわえ直しがモゾモゾという感じで伝わり、最後に飲み込み終わってハモノが移動するとき、サオは大きく絞り込まれる。

この最後の引き込みを待たずして、大きく合わせてしまうと、すっぽ抜けてしまうことが多くある。とにかく、最後の大きな引き込みを待つのがセオリーだ。

最初にアタリが届いてから、いつまで経っても引き込みがなければ、少しサオを立

マゴチ用タックルの一例

ててじらすと効果があることが多い。一日のうちでもアタリが出る回数が少ないだけに、チャンスは確実にものにしなければならない。

また、もともとアタリのそう多くはない釣りであるが、やはりただアタリを待っているだけでは結果はついてこない。いかに少ないアタリを出せるか。要するに海底形状の変化に合わせて、マメにタナの取り直しを繰り返せるかにかかっているといえるだろう。

掛けた後のヤリトリは、サオの弾力を使うとともに、ヒキに応じてリールからイトが出るようにドラグを調整して対処する。また、取り込みに関しては、浅場の釣りなのでたいして魚が弱っていないことに気を付ける必要がある。

とにかく、タモを使用し、確実に取り込もう。そしてきっちり山ダテしてポジションを確認しておき、再び同じポイントを攻めてみるとよいだろう。

スモールボートで楽しむ海のマイボートフィッシング
必釣の極意 | ターゲット05 | 《 付録DVDで実釣解説

マルイカ

浅場で狙えるイカ釣りの入門ターゲット

初夏から夏にかけて、マルイカは水深20メートルほどの浅場を回遊し、ボートで狙いやすい時期となる。釣趣の面では、一瞬、「魚が掛かったのでは?」と間違えてしまうほどのヒキが味わえる。食味の面では、小型でも身が厚く、刺身が最高に甘いことから、イカ刺しの中では一番おいしいという釣り師も多くいる。

	1月	2月	3月	4月	5月	6月	7月	8月	9月	10月	11月	12月
釣期				■	■	■	■	■	■			
	10m	20m	40m	60m	80m	100m	120m	140m	160m	180m	200m	220m
水深	■	■	■									
難易度	易				★		難		易	★		難

ポイント ■■■■■■■■ 釣り方 ■■■■■

マルイカはこんなイカ

マルイカというのは関東地方の釣り人からの愛称で、ケンサキイカが標準和名。

小型のものはずんぐり丸みを帯びた体型なのでマルイカと呼ばれているが、他にも地域によってさまざまな呼び名があり、メトイカ、ジンドウイカ、ダルマイカ、ベンケイイカ、シロイカなどと呼ばれている。

東日本以南に分布し、外洋を回遊するこのイカは水深100メートルまでの範囲に生息し、胴長50センチを超えるサイズにまで成長する。水温が上昇し始める初夏の頃になると、比較的浅場で狙えることもあって、イカ釣りの入門的な役割も果たしている。

仕掛けに乗ると、まるで魚が掛かったかのように引くのも、マルイカ釣りの面白さだ。繊細なタックルを使用すると、イカとは思えない釣趣が味わえ、最高に楽しい。

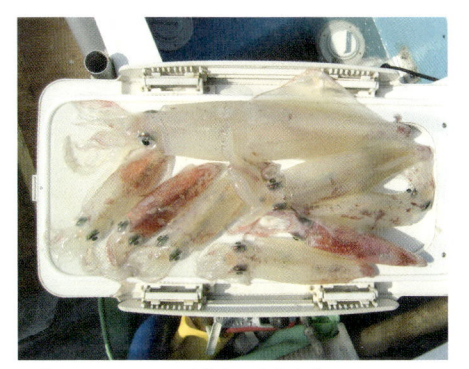

胴長30センチメートルを超える大物も交じった

また、食味の面でも、甘く柔らかな身が抜群にうまいことから、近年、人気急上昇中のターゲットである。

夏場にスキューバダイビングで海中に潜ると、水深20メートル前後の岩礁帯周辺に、大きな群れのマルイカを見つけることができる。砂地においてもマルイカを見つけることはできるが、岩礁帯で見られるものよりも群れ自体が小規模で、5～6ハイ程度で泳いでいる。このように少数で行動しているマルイカは、岩礁帯で群れているものよりも良型であることが多く、個体の大きさと群れの大きさには何かしらの関係があるのかもしれない。

マルイカは、小型なものであっても肉厚で、大変に美味。ボート釣りでは、岩礁帯に集まる小型のものを狙ったほうが釣果に恵まれることが多く、お勧めできる。

生息場所とポイントの選定

マルイカは、春から秋までの期間が釣期となり、季節の移り変わりに伴う水温の変化とともに生息場所を変えていく。春先は水深80メートル付近で、初夏には水深30メートル付近、盛夏には水深10メートル以内の浅場でも狙えるようになる。

マルイカに限らず、どのイカにも共通している

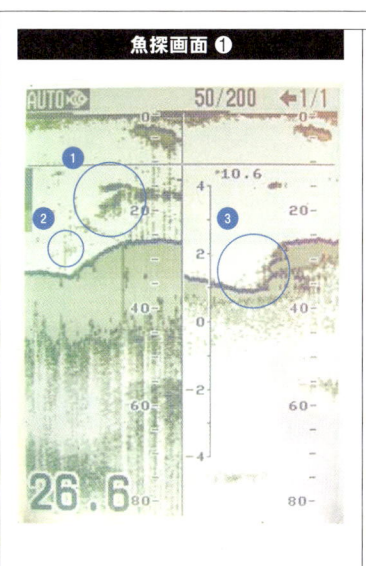

魚探画面 ❶

❶小アジの反応。このポイントから5メートルほど離れた場所で、別のボート釣り師がサビキ仕掛けに小アジを鈴なりに掛けていた。水深18メートル付近に映る濃い反応はその小アジと考えられる
❷この辺りに淡く映っているのが、マルイカの反応ではないかと思われる
❸繰り返しマルイカを乗せたのが、水深30メートル付近。高根の際部分の淡い反応が、マルイカと想像できる

夏の浅場に群れるマルイカの場合には、根周りの小アジ、イワシなどを捕食するためにとどまっていることが多い。海底起伏、そして小魚の群れを見つけることで、マルイカのポイントを選定できる

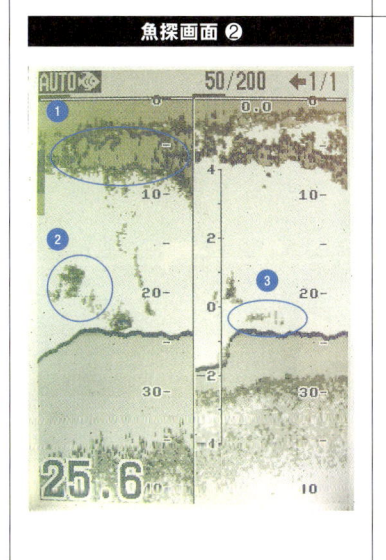

魚探画面 ❷

回遊する小魚類の反応。魚種は小アジまたはカマスと思われる。マルイカが実際に釣れた約3分後に撮影した画像。高根の真上にボートを停船し、撮影した画像なので、高根の頂点がフラットに表現されている。小魚類が高根の周辺を回遊していて、反応が現れては消えるという画面表示を繰り返していた。

❶イワシの反応
❷❸回遊する小魚類の反応

えるのだが、イカには浮き袋がないうえ、イカの体そのものが海水の密度に近いため、魚探に反応として映らない場合も多い。ただし、夏の浅場に群れるマルイカの場合は、根周りの小アジ、イワシなどを捕食する目的でとどまっていることが多く、ポイントを探し出すのは比較的容易だ。海底の起伏、

必釣の極意

スモールボートで楽しむ海のマイボートフィッシング

ターゲット05　マルイカ

魚探画面 ❸

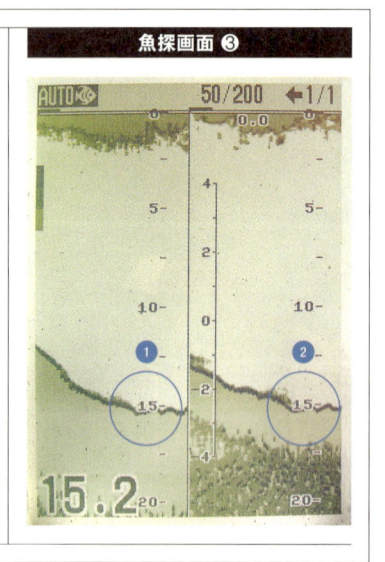

餌木シャクリのアオリイカ狙いで、胴長23センチの良型マルイカがヒットしたポイントの画像

❶数は釣れないが、良型マルイカを揃えるならアオリイカと同様に根際の砂地を餌木シャクリで狙うのもいい
❷根際から広がる砂地には、良型マルイカが回遊してくる。ウキスッテで釣れるマルイカより餌木にヒットするマルイカの方が型はグーンと良くなる。また、季節によってはコウイカ類も交じる楽しいところだ

魚探画面 ❹

海底から3メートルのところに淡い反応が映っている。この反応が現れているときにマルイカが乗ったので、マルイカ自体の反応またはマルイカが狙うベイトフィッシュの反応だ

魚探画面 ❺

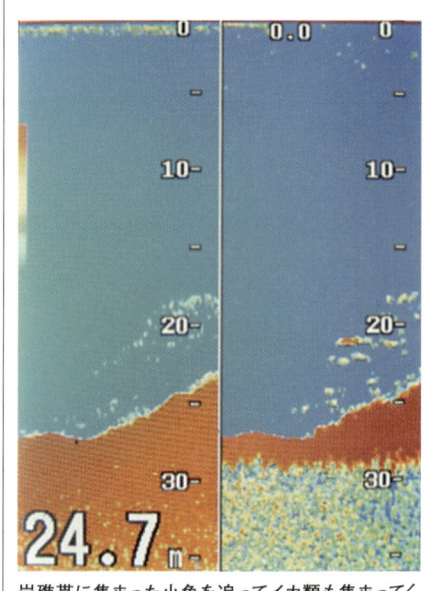

岩礁帯に集まった小魚を追ってイカ類も集まってくる。マルイカ反応を特定するのは困難だが、初夏の頃、岩礁周りでこのような反応を見つけたら、ウキスッテ仕掛けを下ろしてみてほしい

そして小魚の群れを見つけることで、マルイカのポイントを選定することが可能となる。魚探機能のひとつ、海底追尾拡大モードを使うのも有効な一手となるだろう。

魚探画面①～③はどれも2周波併記モードの状態を撮影した画像で、左が周波数50キロヘルツ、右が200キロヘルツの表示画面になっている。

魚探画面①は、マルイカが実際に釣れた直後に撮影した画像である。

私がマルイカを乗せたのは水深30メートル付近なので、高根際の部分に映る淡い反応がマルイカだと想像できる。確認すべく再び高根際に仕掛けを下ろすと、案の定、マルイカが乗ってきた。

このとき上潮が流れていて、ボートはポイント上をすぐに通過してしまったが、潮回りしてポイント上に入ると、マルイカは繰り返し乗って来た。水中でのマルイカの群れは一カ所にとどまっていたようだ。

魚探画面②も、マルイカが実際に釣れた、直後に撮影した画像である。この画像ではマルイカの反応を特定するのは困難だが、マルイカが釣れたことからも、回遊する小魚類を目当てにこの海中のどこかに待機していると想像できる。

魚探画面③は、マルイカを狙ったときのものではなく、餌木シャクリでアオリイカを狙っているときにマルイカが掛かったポイント上を撮影した画像だ。水深16メートルに広がる根際の砂地で、単発ではあるが、胴長23センチの良型マルイカがヒットした。

魚探画面④は、マルイカが釣れた直後に撮影した画像で、向かって右から順に周波数200キロヘルツで捉えた通常表示、海底直線拡大表示、その隣がGPSプロッター画面である。

夏場のマルイカは、水深10〜40メートルの岩礁帯やその際となる砂礫帯に群れが回遊する。遊泳層は海底から10メートルぐらいまでだが、魚探には反応が淡くしか映らないので見落としやすい。そこで有効なのが海底直線拡大表示である。これは海底を直線に表現し、さらに海底から一定の高さ範囲（10メートル）を拡大表示するので、海底付近のマルイカやベイトフィッシュを見つけるのに好都合だ。画像では海底から3メートルのところに淡い反応が映っている。この反応が現れているときにマルイカが乗ったので、マルイカ自体またはベイトフィッシュの反応だ。

魚探画面⑤は、海底から下側へ延びる尾引き（赤色部分）の長さが"短い"から"長い"へ変化していて、さらに海底形状からも、砂地から岩礁帯へ底質が変化したことが明らかだ。このように砂地に囲まれた岩礁帯には、隠れ場所を求めて、様々な小魚が集まって来る。また、その魚を求めて、イカ類が寄って来る。画面内の魚群反応からマルイカを特定するのは困難だが、初夏の頃、岩礁周りでこのような反応を見つけたら、ウキスッテ仕掛けを下ろしてみてほしい。

ボートコントロール

マルイカを狙う時のボートコントロールで一番手軽なのは、アンカリングしてボートを止めて釣る方法だ。ただし、マルイカが集まる好ポイントを探すことが最重要課題となる。ポイント探しは、魚探画面を見ながら、「ここだ！」と思うポイントに仕掛けを投入する。ポイントが的中し、次々に乗ってくるようならアンカリングし、ボートをピンポイントできっちりと止める。ポイントがなかなか見つからない場合は、高根からダラダラ続く平根や、砂地に根が点在するようなエリアをボートを流しながら探ればいい。

より効率よくポイントを見つけるには、スパンカーを使った流し釣りが適している。当日の風向、風力、表層の潮流に合わせて、スパンカーおよび推進力を調整し、ボートの移動コースと速度をコントロールする。これにより、エリアを"面"として探っていく。GPSプロッターを装備していれば、画面に表示される航跡にてエリア内をまんべんなく流すことができ、マルイカの生息するポイントの発見に一役買ってくれるはずだ。

小さなポイント移動や潮回りなら、いちいち仕掛けを回収せず、水面下に仕掛けを垂らしたままボートを操船したほうが、魚探で反

このサイズになると魚のようなヒキが味わえる

スモールボートで楽しむ海のマイボートフィッシング
必釣の極意

| ターゲット05 | マルイカ |

ボートコントロールの要点

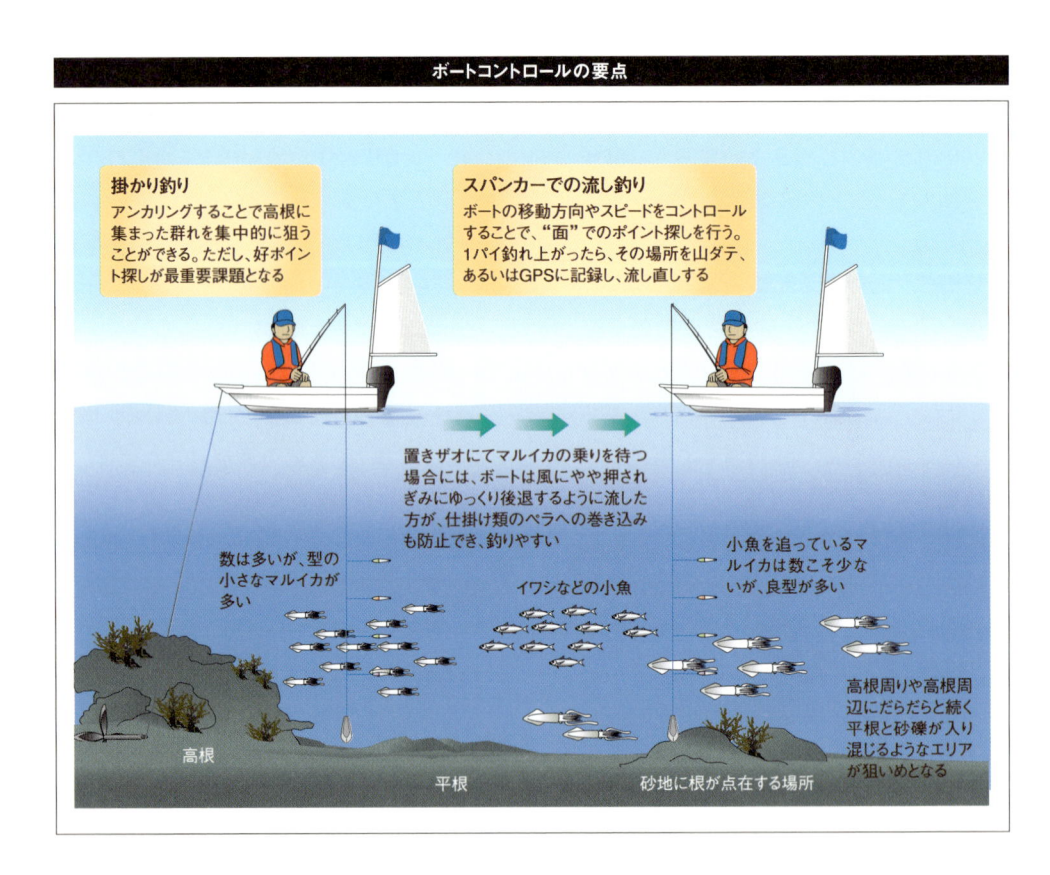

掛かり釣り
アンカリングすることで高根に集まった群れを集中的に狙うことができる。ただし、好ポイント探しが最重要課題となる

スパンカーでの流し釣り
ボートの移動方向やスピードをコントロールすることで、"面"でのポイント探しを行う。1パイ釣り上がったら、その場所を山ダテ、あるいはGPSに記録し、流し直しする

置きザオにてマルイカの乗りを待つ場合には、ボートは風にやや押されぎみにゆっくり後退するように流した方が、仕掛け類のベラへの巻き込みも防止でき、釣りやすい

数は多いが、型の小さなマルイカが多い

イワシなどの小魚

小魚を追っているマルイカは数こそ少ないが、良型が多い

高根

平根

砂地に根が点在する場所

高根周りや高根周辺にだらだらと続く平根と砂礫が入り混じるようなエリアが狙いめとなる

"面"で探っていく

探り釣り

1回転

1回転

探り釣り

GPSプロッターの表示画面
自船位置

GPSプロッターに表示される航跡
航跡を確認しながらエリアをまんべんなく探る

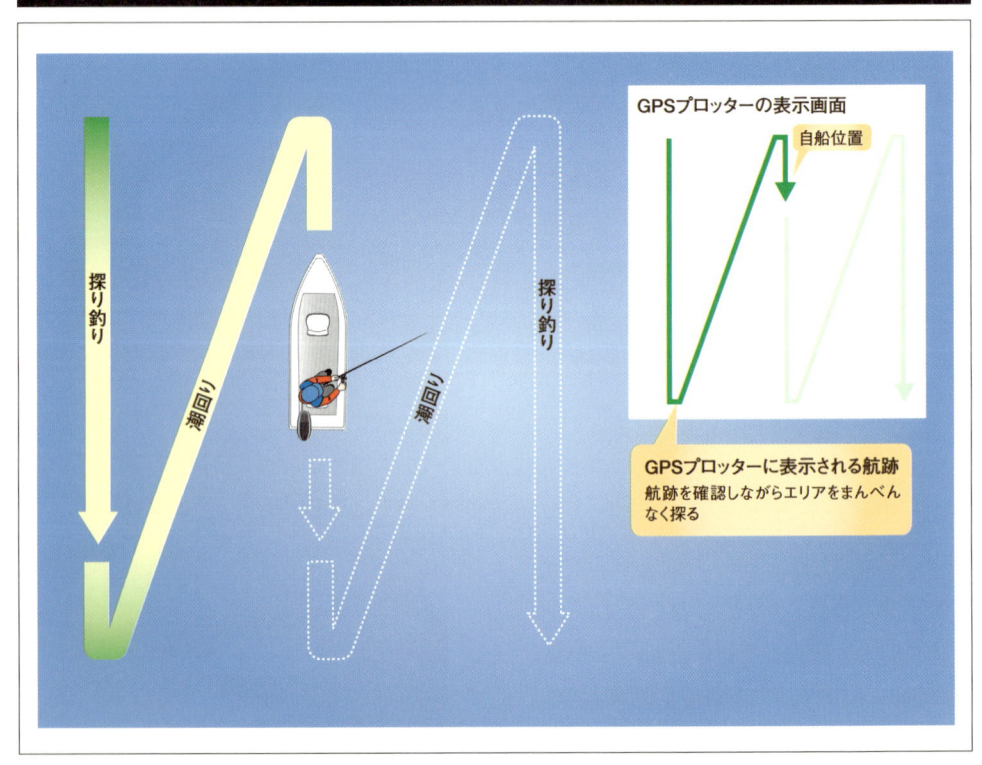

ウキスッテ仕掛けでの釣り方

①ストンと落とす

②待つ
勢いよく沈んだスッテが浮き上がり、マルイカが抱きつく

③キュッとシャクる
シャクリの幅はハリスの長さを基準として、大きくてもハリスの長さの2倍程度まで

④乗りがない場合は
ストンと仕掛けを落とし、再び①～③を繰り返し行う

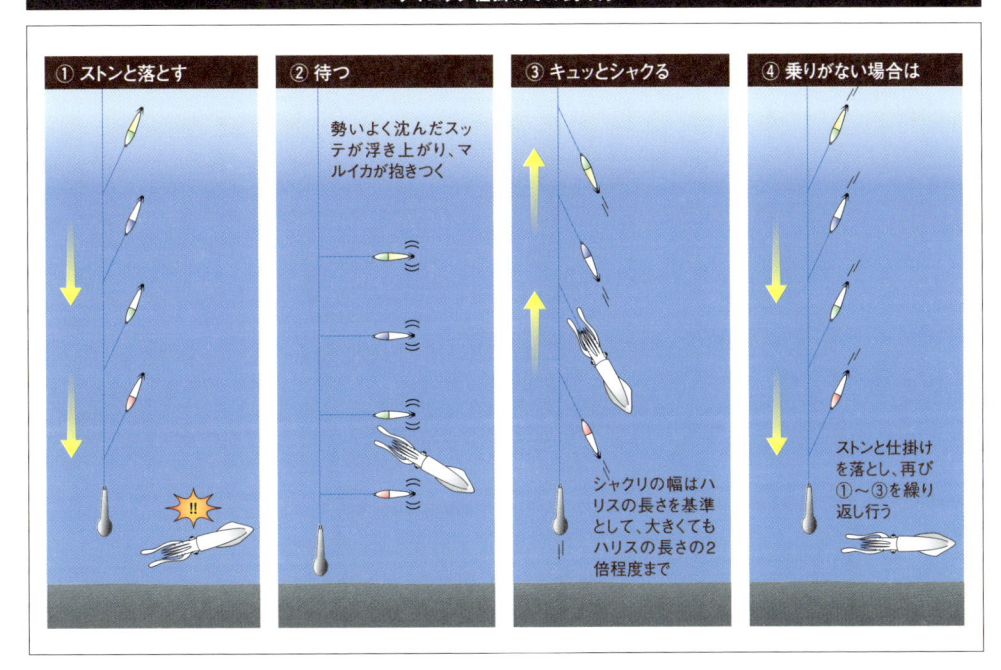

応を見つけたらすぐに投入できるのでお勧めだ。ただし、海面に流れ藻やゴミ袋、あるいはロープなどの浮遊物がない状況に限られるのと、ボートのプロペラに仕掛けを巻き込まないように注意を払う必要があることはいうまでもない。

エリアをまんべんなく流したものの、マルイカが釣れない場合も多々あるが、そんな時は、ロッドホルダーにサオをセットし、いわゆる"置きザオ釣法"で乗りを待とう。同一エリアには、マルイカ以外にも、カワハギやメバル、シロギスなどが生息しているので、それらを狙いつつマルイカの乗りを待とう。その際、ボートは風にやや押されぎみにゆっくり後退するように流すと、仕掛け類をプロペラに巻き込むことも防止でき、釣りやすい。

1パイでも乗ったら、その付近を集中的に流し、同一ポイントで次々に乗ってくるようなら、山ダテあるいはGPSにポイントを記録する。

タックル＆仕掛け＆エサ

サオ　サオは7：3または6：4調子で、狭いボート内でも扱いやすい長さということでは、2.4メートル前後のものが無難だろう。

オモリ負荷は、時期、水深によっても変わってくるが、春先の水深80メートル付近を狙う際には、オモリ負荷が50号前後のサオが適している。一方、夏場の水深20メートル付近を狙う際には、オモリ負荷が30号前後のサオが適している。

現在は外ガイドタイプが主流となってしまい、インナーガイドタイプの流行は去ってしまったが、仕掛けにたくさんのスッテを使うマルイカ狙いでは、ガイドやミチイトへの絡みがなく、効率よく手返しできるという意味で、ビギナーにはインナーガイドタイプのサオがお勧めできる。

リール　リールは両軸タイプが一般的で、釣り場の水深に合せたサイズを選べばいい。

春先の水深80メートル付近を狙う際に

必釣の極意

スモールボートで楽しむ海のマイボートフィッシング

ターゲット05　マルイカ

マルイカのタックル

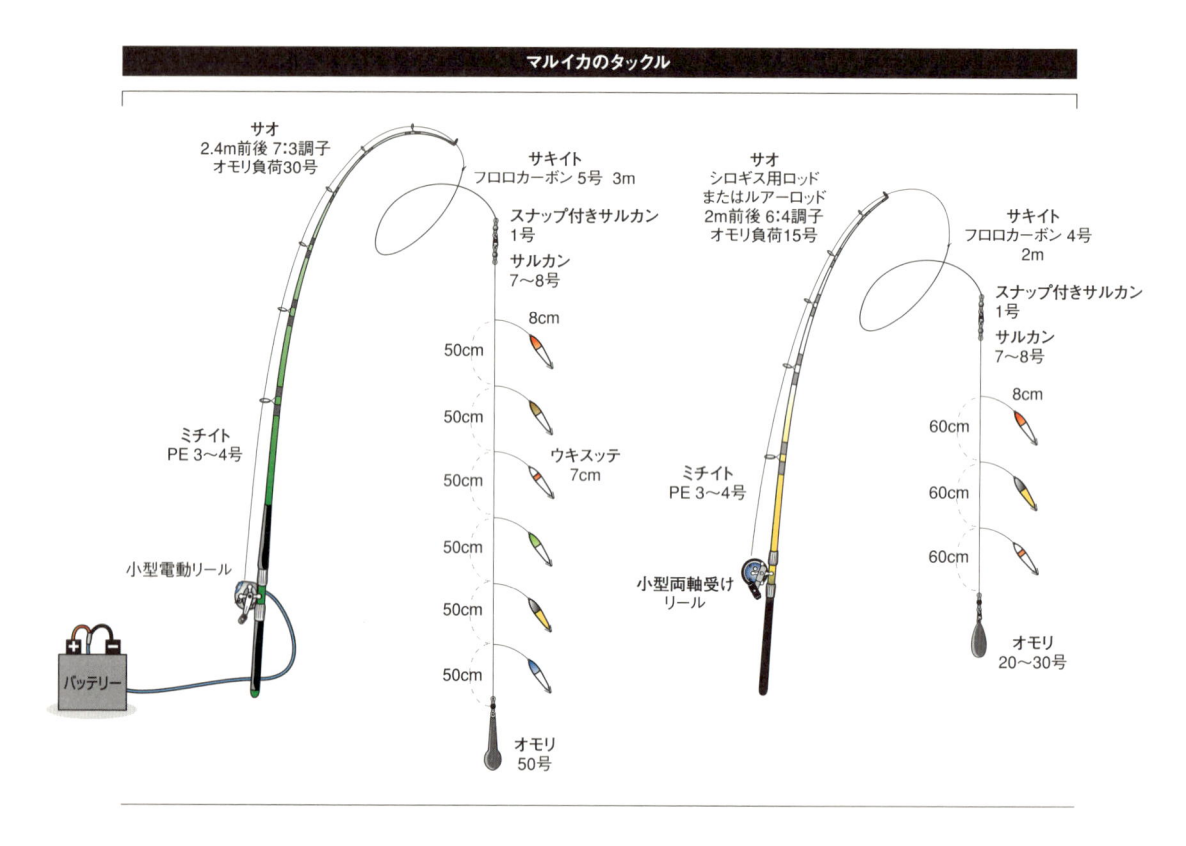

左側仕掛け:
- サオ　2.4m前後 7:3調子 オモリ負荷30号
- サキイト　フロロカーボン5号 3m
- スナップ付きサルカン 1号
- サルカン 7〜8号
- ウキスッテ 7cm（8cm）
- エダス間隔 50cm×6
- ミチイト PE 3〜4号
- 小型電動リール
- バッテリー
- オモリ 50号

右側仕掛け:
- サオ　シロギス用ロッドまたはルアーロッド 2m前後 6:4調子 オモリ負荷15号
- サキイト　フロロカーボン4号 2m
- スナップ付きサルカン 1号
- サルカン 7〜8号
- ウキスッテ 8cm
- エダス間隔 60cm×3
- ミチイト PE 3〜4号
- 小型両軸受けリール
- オモリ 20〜30号

マルイカ用タックルの一例

は、PEラインの3号を200メートル程度巻けるサイズのものが適していて、電動リール、手巻きリールのどちらでもよい。一方、夏場の水深20メートル付近を狙う際には、PEラインの3号を100メートル程度巻けるサイズの手巻きリールで十分だ。

いずれにしても、サオを常に動かす釣りとなるため、サオとのバランスのとれた軽めのものを選ぼう。

仕掛け　マルイカ仕掛けは、浮力があるウキスッテと呼ばれるツノを複数同時に使う"ブランコ仕掛け"が標準で使われている。この仕掛けは、エダスを8〜10センチメートルとるのが特徴だ。

ウキスッテには魚型や紡錘形状のもの、布巻きやストッキング巻きなど、色、形、材質などさまざまなものが市販されており、数多くの種類の中から何を選び、どの順番に並べるかが難しくもあり、逆に楽しいところでもある。

初心者の場合、"マルイカ用"という市販品を選択すればいいが、市販品も種類が豊富なため、店頭で迷うことになる。釣行当日の潮色、天候、タナなどすべての要素に対して万能な仕掛けなど存在しないので、迷った場合には、異なる色と材質のものを3セットほど入手しよう。

ただし、市販の仕掛けは釣り船での使用を前提に作られているので、全長が長いものが多い。狭いボート上では慣れないと扱いづらいものばかりなので、思い切って半分の長さに切ると、コンパクトで扱いやすくなり、特に浅場でのマルイカ釣りでは手返しが早くなる。

また、ミキイトからエダスを出すには回転ビーズが有効だ。あらかじめ、ウキスッテに15センチ前後の長さのハリスを結んでおけば、あとは回転ビーズにハリスの一端を通し、先端に結び目を作るだけでOK。当日に乗りがいいスッテを見つけたら、迷わず同一のものに変更しよう。

マルイカの釣り方

2004年以降、マルイカの釣り方が釣り船を中心に大きく様変わりしてきた。従来の定説は、ソフトな誘い→ゆっくり乗せる→ゆっくりリーリング、というものだった。ウキスッテがフワフワと揺れるように誘い、ときどき誘う手を休め、マルイカにスッテに抱き付く時間を作ってあげて、聞き上げながらゆっくり乗せ、ソ〜ッと巻き上げる、という釣法だ。

これに対し、近年はシャクリ釣りがマルイカ狙いの新たな釣法として広まりつつある。仕掛けを投入し、オモリ着底後に底を切ったら、キュッとシャクり、ストンと降ろす。この繰り返し。この時のシャクリ幅はサオの軟らかさによっても異なるが、概ね30センチ程度。シャクリの間隔は8秒前後がよい。ストンとサオ先を下げた時に、勢いよく沈んだスッテが浮き上がる過程でマルイカが抱き付くのに必要な時間がこの間隔である。

従来釣法、新釣法のいずれであっても、スッテという擬似エサを使うので、動かすことによって小魚に見立てることが大切である。あまり長く止めすぎるとニセモノだと見破られてしまうので要注意だ。

さっきまで釣れ盛っていたのに次第に釣れなくなったとか、魚探に反応が映っているのに釣れないなどという場合には、やはりマルイカがスッテを見切ってしまった可能性がある。そんなときはいったん仕掛けを巻き上げ、イカの視界からスッテを見えなくし、少し時間をおいてから再投入すると有効な場合がある。また、まったく異なる種類や色のスッテに交換してみるのもよいだろう。一日中、同じ仕掛けで釣っているのではなく、当日の乗りの具合にあわせていろいろと替えていくことにより、より大きな釣果を上げることが可能になる。

マルイカは足が軟らかくて切れやすいので、ボート釣りにおける注意点としては、掛かってからはゆっくり慎重に巻き上げる必要がある。とはいえ、ボートの揺れでイトがたるんでしまうようでは、せっかく掛かったマルイカがスッテから外れてしまう。常に一定のテンションを掛けた状態を維持しつつ、慎重に巻き上げることが必要になる。

マルイカの群れは、たいてい同じ場所にじっとしているわけではなく、ゆっくり移動していることもあれば、天敵などに襲われてあっという間にいなくなってしまうこともある。少しでも長い間、ボートの下に足止めしておくことが、好釣果への絶対条件だ。そのため同乗者がいる場合には、常に一人の仕掛けは海中に残したままにしておく、という作戦が有効である。

スモールボートで楽しむ海のマイボートフィッシング
必釣の極意

ターゲット 06

≪ 付録DVDで実釣解説

オニカサゴ

ビギナーでも狙える中深場釣りの高級魚

カサゴの中でもとりわけ美味とされるのがオニカサゴ。この魚の人気が高いのは、食味の面だけではなく、そう数多く釣れる魚ではないので、釣るためにはそれなりのテクニックを要する点にある。近年はめっきり数が減っただけに、根魚ファンの間ではマダイ以上の価値があるといわれている。それだけにマイボートでポイントを探し出し、見事、釣り上げたときの喜びはひとしおである。

	1月	2月	3月	4月	5月	6月	7月	8月	9月	10月	11月	12月
釣期	■	■								■	■	■

	10m	20m	40m	60m	80m	100m	120m	140m	160m	180m	200m	220m
水深				■	■	■	■	■	■	■		

	易				★		難		易	★		難
難易度	ポイント	■	■	■			釣り方		■			

オニカサゴはこんな魚

オニカサゴという呼び名は、沖釣りを楽しんでいる釣り人たちの通称であり、正式にはフサカサゴ族のイズカサゴとフサカサゴの2魚種のことを指す。

このオニカサゴは、真っ赤な体色で、みるからにいかつい容姿は、岩礁の表面にも似てゴツゴツしていてお世辞にもスマートとはいえない。ところが、味の方は食べた人すべてを魅了するほど絶品。しっかりした

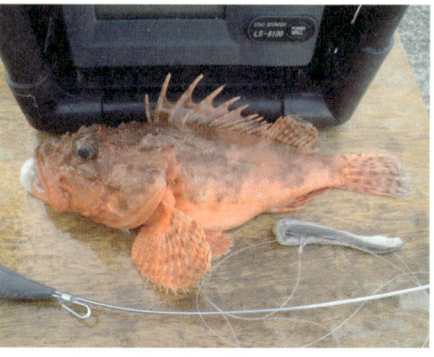

本命オニカサゴとアナゴの切り身エサ

繊維質の身は薄造りにしたときの歯応えが格別で、根魚のフグといわれるほどおいしい魚だ。

成長が遅いうえ、漁業においても捕り難い魚であることから、市場に出回ることが少なく、たとえ水揚げされたとしても高級料亭などに流通されることが多い。街中の魚屋にはめったに並ぶことのない超高級魚。当然のことながら、庶民の食卓に上ることなどまずないため、幻の魚といわれるほどである。

ところがこのオニカサゴは、釣り人の間では幻の魚などという扱いは決して受けておらず、中深場釣りのターゲットとしてポピュラーな存在だ。モッタリした見かけからは想像できないような力強いヒキも味わえ、釣趣、食味の両面で、満足できる人気のターゲットとなっている。

生息場所とポイントの選定

カサゴと聞くと、険しい岩礁帯に生息していると連想する人が多いかもしれないが、このオニカサゴに関しては険しい岩礁ではなく、水深50～250メートルにおける砂泥や砂礫に点在するバラ根、または穏やかな起伏の海底などを好んで生息している。

回遊魚のように宙層を泳がず海底を這っているので、魚群探知機でオニカサゴ自体の反応を見つけるのは困難だ。ポイント選定としては、海底地形と底質を見極め、広範囲を探る方法をお勧めする。広範囲とはいえ漠然と探すのではなく、釣行エリアの海底地形図を入手し、事前にポイントのめぼしをつけておけば、海上であっちこっち走り回るようなムダをなくし、釣行時間を有効に使うことができる。

魚探画面①は、オニカサゴ（1.2キログラム）が実際に釣れた直後にポイント上を流して撮影したときの画像だ。水深約90メートルの海底は砂礫帯であり、これといった大きな岩礁もないが、10メートルほどの起伏があることが画像から確認できる。

魚探画面②は、やや深い実績ポイント

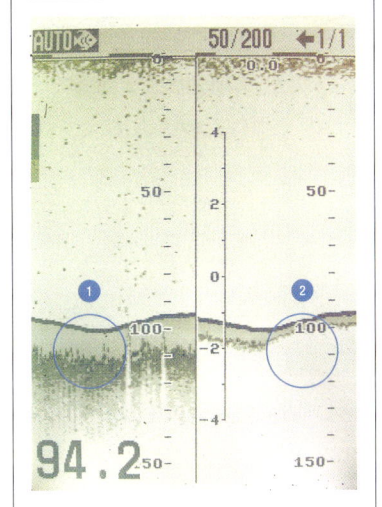

魚探画面 ❶

過去に何度も1.2キロの良型オニカサゴを釣り上げたことのある実績ポイント付近の撮影画像。海底部分は水深100メートル弱の砂礫帯だ

❶ 海底には高低差10メートルほどの緩やかな起伏があり、オニカサゴの好ポイントとなっている

❷ オニカサゴは海底を這って泳いでいるため、魚探を使ってもオニカサゴ自体の反応を見つけるのは困難だ。ポイント探しは、魚探に映し出された海底地形や底質を読むことで行う

魚探画面 ❷

オニカサゴは険しい岩礁帯ではなく、水深50から250メートルにおける砂泥や砂礫に点在するバラ根や穏やかな起伏の海底などに好んで生息している

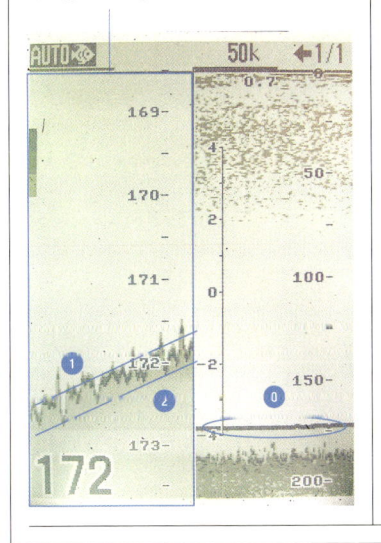

❶ この青線で示したような傾斜が実際の海底にも存在しているはずだ

❷ この青色線で指し示した凸凹は、ボートの揺れによる海底測距の誤差成分が表現されたもの。実際の海底形状を表現しているわけではない

❸ 水深150メートル以上のポイントでは、たとえ海底に起伏があっても画面の表示モードがノーマルのままだと海底起伏や海底付近の魚群反応をとらえることは困難だ。そこで役立つのが海底追尾拡大モードである

画面左半分は表示モードを海底追尾拡大にしたもの。海底から常に5メートルの範囲を画面上下方向いっぱいまで拡大して表示する

スモールボートで楽しむ海のマイボートフィッシング

必釣の極意

ターゲット06　オニカサゴ

（水深170メートル付近）にて撮影した画像。送受波器から発振する周波数を50キロヘルツの単周波に設定し、魚探表示は海底追尾拡大モードを選定した。

右半分の画面では海面から海底までを表示するので、中深場のポイントでは海底に起伏や傾斜が存在しても表現しきれず、フラットな海底と誤認する恐れがある。このような場合に有効なのが、左半分の画面に表示された海底追尾拡大モードである。細かな凹凸は、ボートの揺れによる海底測距の誤差成分が表現されたものであり、実際の海底形状ではない。むしろ、細かな凸凹を包含する大きな起伏、または傾斜に注目する必要がある。

そういった見方をすれば、この画像では右上がりの傾斜をしており、ボート下の海底がわずかながらカケアガリになっていることがわかる。

魚探画面③は、向かって左からGPSプロッター画面、その隣に見えるのが周波数50キロヘルツと250キロヘルツで捉えた海中の魚探画面で、オニカサゴを釣り上げた実績ポイント付近で釣り上げた時と同じようにボートを流しながら撮影した画像である。

水深50～250メートルの平根や砂礫帯に生息するオニカサゴは、海底付近に生息するので魚自体の反応をキャッチするのは困難だが、生息場所の特徴を把握していればポイント探しはそう難しいことではない。魚探で海底のわずかな起伏を見つけたらそこがポイントだ。本命が釣れたら、付近には必ず複数生息しているので、GPSプロッターの航跡を見ながら、再度、その付近を探ってみよう。ただし、カサゴ類は成長が遅いうえ、あまり移動しない魚なので、1カ所を集中して攻めてしまうと、ポイントを枯らしてしまうことになる。釣り過ぎないよう注意しよう。

魚探画面④は、急激なカケサガリが水深110メートル付近でいったんフラットになった、いわゆる踊り場の画像であり、このように海底が変化している場所を好んでオニカサゴは生息している。流し釣りを行なう場合は、小まめに底立ちを取らないと踊り場から外れた途端に仕掛けが宙層を狙って

魚探画面③

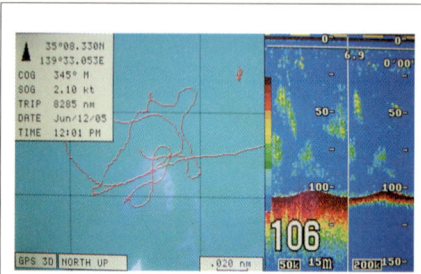

本命が釣れたら、付近には必ず複数生息しているので、GPSプロッターの航跡を見ながら、再度、その付近を探ってみよう。ただし、ポイントを枯らしてしまうことのないよう、釣り過ぎに注意しよう。

魚探画面④

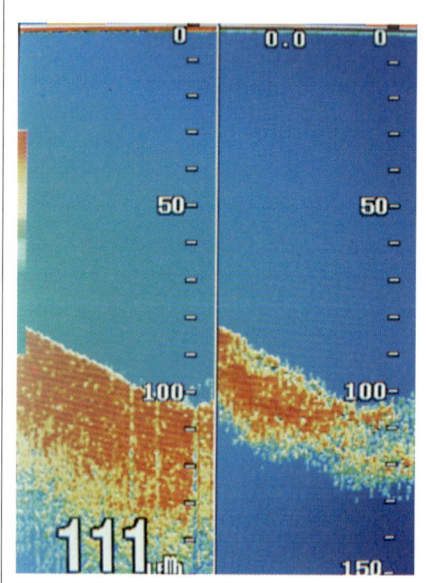

傾斜地の途中にあるような踊り場はオニカサゴの好ポイント。ただし、流し釣りでは、小まめに底立ちを取らないと、仕掛けが宙層を漂ってしまうことにもなりかねないので注意する。

いるかのようなタナ取りになってしまうので注意しよう。オニカサゴの場合には、海底から3メートルも上を付けエサが漂っていては、絶対に食ってこない。

ボートコントロール

オニカサゴを狙う場合、ポイントの水深が50～250メートルと深いので、ボートはアンカリングせず、流しながらイトを垂らす流し釣りが適している。そのためにはパラシュートアンカーやスパンカーの装備が必要になるが、できることならスパンカーを装備したい。パラシュートアンカーでの流しが潮流と風任せで方向が定まらないのに対して、スパンカーではボートを流す方向をある程度コントロールできる。また、好ポイント上を通過した後の流し直しにおいても、パラシュートアンカーでは回収と再投入の手間がかかってしまうので、その手間がかからないスパンカーのほうが、流し直しを素早く行えるという点で優れている。

初めての海域では、海底地形図や魚探であらかじめめぼしを付けたポイント付近をゆっくりと流し、オニカサゴが生息するポイントを探していく、というのがオニカサゴ攻略の基本となる。

オニカサゴは海底に這って生息しているので、イトが多少斜めに海中へ入っていようとも、仕掛けさえ海底から離れていなければなんとかなる。しかしながら、小魚からのアタリを逃さないようにするため、そして根掛かりを発生させないためにも、できることならやはりイトを立てた釣りを心掛けたい。そのためには、ボートの前進、後進のみならず、右あるいは左へスライドするよ

ボートコントロールの要点

イトが斜めに入っていると仕掛けの誘い上げの際に根掛かりを多発する

イトが斜めに入っているとアタリがとりにくい。小魚にエサを取られたまま気付かずに釣り続けることがないようにしよう

イトを立てた釣りはアタリが取りやすく根掛かりも少ない。そのためには、ボートの前進、後進のみならず、右あるいは左へスライドするようにスパンカーを左右非対称に張るテクニックもマスターしたい

根掛かり　　砂地に根が点在する場所　　エサ取られ　　小魚　小魚

必釣の極意
スモールボートで楽しむ海のマイボートフィッシング

ターゲット06 オニカサゴ

オニカサゴの釣り方

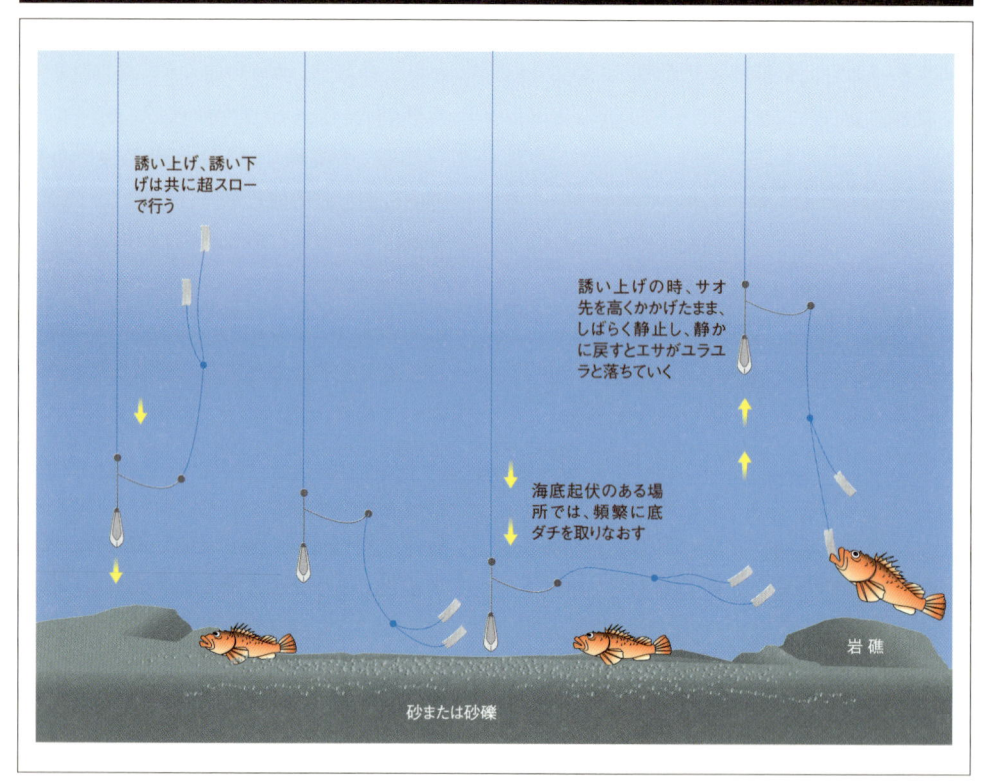

- 誘い上げ、誘い下げは共に超スローで行う
- 誘い上げの時、サオ先を高くかかげたまま、しばらく静止し、静かに戻すとエサがユラユラと落ちていく
- 海底起伏のある場所では、頻繁に底ダチを取りなおす
- 岩礁
- 砂または砂礫

うにスパンカーを左右非対称に張るテクニックもマスターしたい。

ポイントをより効率よく見つけるには、ボートの移動コースをコントロールして、エリアを"面"として探っていくといい。GPSプロッターを装備していれば、画面に表示される航跡を確認しながら付近一帯をまんべんなく流すことができ、生息ポイント発見に一役買ってくれる。

水深100メートル以上になると、魚を掛けてからボート上に取り込むまでに2分間くらいかかることもあり、潮流次第ではボートの位置がどんどん移り変わってしまう。本命の姿を確認してから山ダテやGPSプロッターにて位置情報を記録するのでは遅すぎる。たとえ本命かどうか疑わしくても、とりあえず位置情報を記録した方が、より高精度なポイントデータの蓄積につながる。

オニカサゴと同一のポイントで釣れる魚にウッカリカサゴ（標準和名）がいる。この魚は通称カンコと呼ばれる大型のカサゴで、オニカサゴと違って水圧の変化で浮き袋が膨らみ、巻き上げ途中からヒキがなくなる。最後には水面にプッカリと浮かび上がることがあり、エンジンの回転するプロペラに仕掛けや魚を巻き込まないよう注意が必要だ。仕掛けがボート下10メートルくらいのところまで巻き上がって来た時点で、いったんエンジンをニュートラルにして、プロペラの回転を停止したほうが無難である。

タックル＆仕掛け＆エサ

サオ オニカサゴ用のサオとして大手釣具メーカーから専用ザオが発売されているが、特にそれにこだわる必要はない。7：3

オニカサゴのタックル

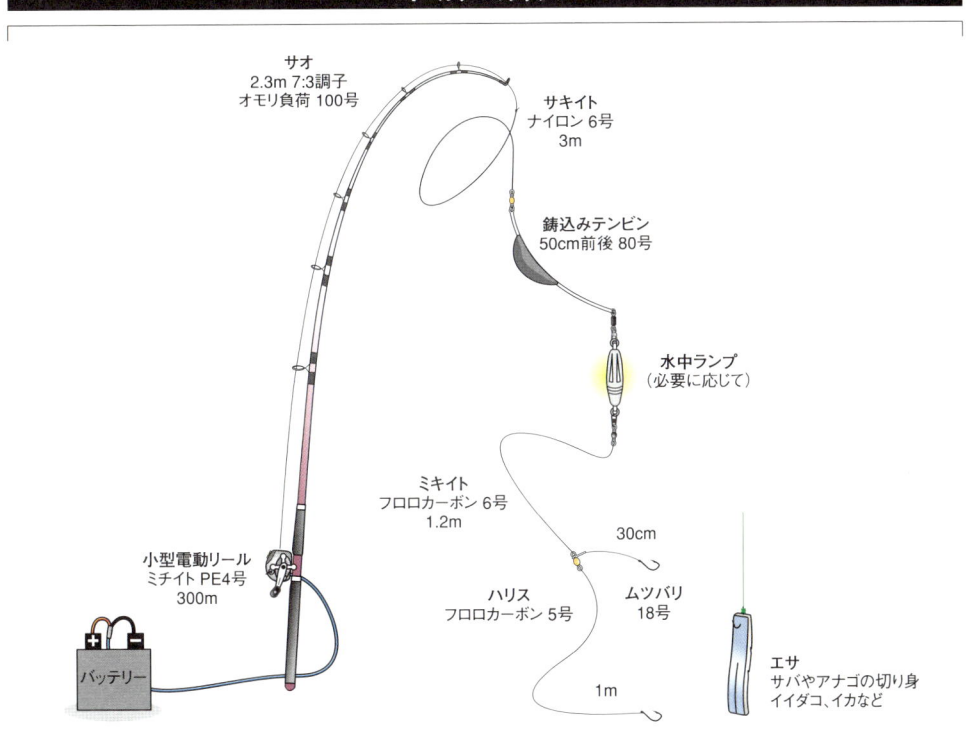

- サオ
  2.3m 7:3調子
  オモリ負荷 100号
- サキイト
  ナイロン 6号
  3m
- 鋳込みテンビン
  50cm前後 80号
- 水中ランプ
  （必要に応じて）
- ミキイト
  フロロカーボン 6号
  1.2m
- 30cm
- ハリス
  フロロカーボン 5号
- ムツバリ
  18号
- 1m
- エサ
  サバやアナゴの切り身
  イイダコ、イカなど
- 小型電動リール
  ミチイト PE4号
  300m
- バッテリー

調子または8：2調子で、オモリ負荷が80〜120号のサオがあればよい。長さは、長時間の手持ちでも持ち重りしない2.3メートル以内が無難だろう。

リール　リールは両軸タイプを使用するのが一般的で、大きさはPEラインの4号を300メートル程度巻けるものを選ぶとよい。電動リールと手巻きリールのどちらにするかは、釣り場の水深や個人の好みだが、いずれにしても軽量のものを選ぼう。

ミチイトとサキイト　ミチイトの太さは、PEラインであれば4号でも強度面では十分。ラインが細い分、潮流の影響を受けにくいので軽いオモリでもラインが立ちやすく、釣り船などでオニカサゴを狙う場合に比べて、ライトタックルが使用できるのがうれしい。

　サキイトは、ナイロン製ライン6号くらいの

オニカサゴ用タックルの一例

必釣の極意
スモールボートで楽しむ海のマイボートフィッシング

ターゲット06　オニカサゴ

ヒレには毒があるので扱いには注意しよう

ものを、長さ3メートルほどミチイトへ接続する。サキイトの効果は海底付近での根掛かりや根ズレによる切断を防止することと、大物が掛かったときのクッション作用。また、外ガイド式のサオにイトが絡むのを予防する効果もある。

テンビン　テンビンは各種タイプが市販されているが、長くて大きなテンビンは、仕掛けを沈めていく場合にはイト絡みが少ないのだが、水中では根掛かりが多発する可能性があるため、腕長50センチ前後のものが無難だろう。

テンビン自体にあらかじめオモリが鋳込んである鋳込みテンビンが、根掛かりやイト絡みも少なくお勧めできる。また、重さは潮流や水深の状況に合わせて交換できるよう、異なるものを数種類用意するとともに、根掛かりで失うことも考慮して、同じ重量のオモリを最低でも2個ずつ用意しておこう。

ハリスとハリ　根掛かりの際に仕掛け全体を失うことのないよう、ミキイト部分はハリス部よりも太くしておく。例えばハリス5号の場合にはミキイト6号、ハリスを4号にしたらミキイトは5号を選ぶ。

ハリは、ムツバリ17〜20号を使用する。オニカサゴは口が大きく、エサを一気に呑み込む。ムツバリはハリ先がネムリ状なので口唇にハリ掛かりしやすく、かつ根掛かりしにくいので、オニカサゴ狙いには最適なハリといえる。

濁りが入っていて水中が暗そうな場合には、ハリにタコベイトを付けたり、テンビン付近に水中ライトを付けると有効な場合もある。ただし、これらの装飾品は、初めから使用するのではなく、状況を見ながら徐々に付け足していくようにする。装飾品に反応するのがオニカサゴばかりではないためだ。

例えば過去にオニカサゴを釣り上げた好ポイントであっても、いったんサメが集まってしまうとオニカサゴはまず釣れなくなってしまう。また、上層、宙層でサバやソウダガツオなどのエサ取りが多いときにも使わないようにする。要するに装飾品はオニカサゴや外道からのアタリがないときに使う程度にとどめたほうがいいだろう。

エサ　オニカサゴのエサは、アナゴやサバの切り身、ヒイカ、イイダコなど。魚介類であれば何にでも食ってくる、といえるほど多彩だ。

アナゴやサバは、幅1〜1.5センチメートル、長さ10〜15センチメートルほどのタンザクに切ってチョン掛けにする。ハリを刺す位置がタンザクの端の中心線から外れてしまうと、仕掛けを降下させたときエサが回転し、着底する頃にはミキイトやミチイトに絡んでしまうことにもなるため、エサ付けの段階から慎重でなければならない。

魚の活性が高く、エサ取りの小魚が多い場合は、思い切ってエサを大きめにし、小魚が掛からないようにするのも手だ。外観からもわかるように、オニカサゴの口は大きく、活性が高ければ自分の体長の半分くらいあるものまで丸呑みしてしまうのだ。

オニカサゴの釣り方

　海底に這うように生息するオニカサゴの目は常に上を見ており、上からエサが落ちてくるのを待っている。この釣りは、テンビンに付いているオモリで海底を確かめつつ、こまめに底立ちを取り、エサがオニカサゴの目の前をヒラヒラする様子をイメージしながら探っていくのがポイントとなる。

　底潮が適度に流れ、エサが自然にヒラヒラとなびく状況であれば、基本的に誘いは不要だが、底潮の流れをボート上から判断するのは極めて困難。まずは、誘わずにしばらく待ち、アタリが届かない場合には、サオをシャクるなどしてエサを動かす。ただし、速くシャクったり、繰り返し仕掛けを上下させると仕掛けがテンビンやミチイトに絡み付いてしまうので、誘い上げは超スローで、誘い下げも超スローで行おう。誘い上げの時、サオ先を高くかかげたまましばらく静止し、静かに戻すとエサがフラフラと落ちていく。このかすかな落とし込みでも食う確率が高く、油断は禁物だ。

　エサを躍らせて誘いかけるのが基本だが、波やウネリの影響を受けやすい小さなボートでは、その上下動が水中に伝わりやすい。そのため、オモリや仕掛けがひっきりなしに動いている状態では逆に魚に警戒心を与えてしまう。対策として釣り人自らがボートの揺れをある程度吸収するようにサオを操ることが必要で、誘った後、必ず数秒の間合いを取って仕掛けを静止させる必要がある。

　ゴツゴツというアタリがあっても、向こうアワセで掛かるので、サオ先をわずかに下げて送り込み、再びアタリがあったらサオ先を引き起こす。大げさなアワセはハリが刺さった穴を広げてしまい、巻き上げ途中でのバラシにも繋がるので逆効果。はじめは手巻きにて魚の重さを感じとり、ドラグを調整しつつ、サオは水平かやや下げたままの状態を維持し、一定のペースで巻き上げる。

　最後にテンビンを回収し、ハリスをゆるませないように手繰ってくる。取り込みではオニカサゴをそのまま抜き上げるとバラシに繋がるため、必ずタモを使って取り込もう。水圧の変化に強いオニカサゴは、取り込み時にバラすとそのまま水中に戻ってしまうからだ。

　ボート内に取り込んだ後は、背ビレやエラブタにあるトゲに刺されないよう、下アゴを持ってハリを外す。念のためにハサミでトゲを切り取っておくと安心だ。

　生命力が強い魚なので、イケス内で生かしておき、沖上がり直前にクーラーへ移して持ち帰るとよい。

　仕掛けを再投入する前には、ミキイトやハリスのヨリをとりつつ、根ズレ等によるイトの傷みがないかをチェックし、少しでも傷みを見つけたらためらわずに交換しよう。傷ついたイトはいとも簡単に切れてしまうことが多く、大物がヒットした際に肝心のイトが切れてしまっては何の意味もない。

　オニカサゴなどの根魚類は、行動範囲が狭く、大きく移動することもなく、しかも成長が遅い魚なので、集中的に攻めてしまうとポイントを枯らしてしまうような事態も考えられる。くれぐれも釣り過ぎには注意したい。

スモールボートで楽しむ海のマイボートフィッシング
必釣の極意

ターゲット07

《 付録DVDで実釣解説

マダイ

"魚の王様"と呼ばれる憧れのターゲット

風貌や食味から"魚の王様"と喩えられるマダイは、大きなものは10キログラム超にまで成長する。大物に出合うことを夢見て、足繁く海へ通う釣り師も多いが、実際にはめったにお目にかかれない。その難しさが、マダイの価値を一層高めている。だからこそ、ぜひチャレンジしていただきたいターゲットといえるのである。

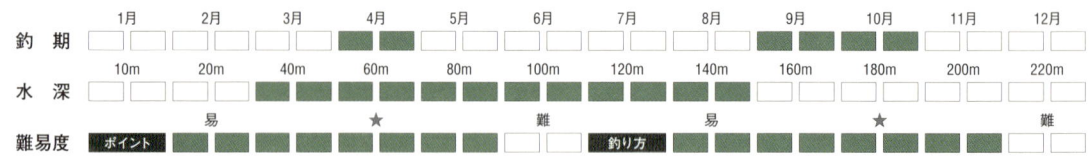

	1月	2月	3月	4月	5月	6月	7月	8月	9月	10月	11月	12月
釣期			■	■	■				■	■		

	10m	20m	40m	60m	80m	100m	120m	140m	160m	180m	200m	220m
水深			■	■	■	■	■	■	■	■		

難易度　ポイント　易　　　　★　　　　難　　　　易　　　　★　　　　難
　　　　釣り方

マダイはこんな魚

マダイは北海道南部以南の日本各地に生息し、大きなものでは100センチメートルにも達するスズキ目タイ科の魚である。見た目よし、釣ってよし、食べてよしの三拍子が揃ったマダイは、古くから日本人に親しまれる、まさに魚の中の魚といえるだろう。

マダイは一年中狙えるので釣り人から絶大な人気を誇っているが、毎日のように出船している釣り船でさえオデコが続出する難しいターゲットであり、そう簡単に釣れる魚ではない。そんなこともあり、マイボートの釣りでは、なかなか手を出しづらいターゲットだ。むろん、ボート釣りでもっともポピュラーなシロギス釣りなどに比べれば、マダイは確かに難しいターゲットかもしれない。だが、それだけに本命を釣ったときの喜びはひと

天然マダイは尾ビレが伸びていて美しい

しおで、より大きな充実感、達成感が得られるのである。

マダイに関しては、古くから各地でさまざまな釣法が確立され、今もなおその多くが受け継がれている。近年、釣り船ではコマセ（撒きエサ）を使ったフカセ釣法が主流となっているが、コマセを使わず1尾のエビだけでマダイと対峙するエビタイ釣法も魅力があり、根強いファンが多くいる。また、メタルジグを使ったジギングで狙う人も最近は増えてきた。

いずれの釣法で狙うにしても、マダイをマイボートで釣る場合、ポイント探しが最重要課題となる。

生息場所とポイントの選定

マダイの成長は、3年で25センチメートル前後、5年で35センチメートル前後、そして3年が最小成熟年齢といわれている。

成魚の生息域は広く、水深30～150メートルの大陸ダナだが、底質が泥の場所は好まない。また、塩分濃度の著しい変化が嫌いなので、汽水域にも決して入らない。そんな習性を頭に入れ、たとえば大きな川が流れ込んでいる場所を避けるといったポイント選びが必要になる。また、1年中狙える魚と前述したが、季節ごとに生息場所を変えるため、釣行する時期の生息ポイントを見極められるかどうかが勝負の分かれ目となる。

マダイを釣りたい一身で、釣り船に接近したり、後を付いて回ったりするのはマナー違反。トラブルの原因となるので、釣り船が攻めるポイントとは競合しないマイボートならではの新規ポイントを開拓するように努力しよう。

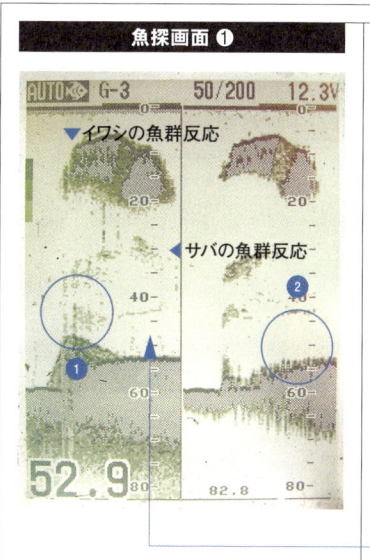

魚探画面 ❶

❶42メートル付近はコマセカゴがあった水深。それに集まったサカナたちがまだ右往左往している

❷水深60メートルの砂地には高さ8メートルほどの岩礁帯が存在し、その周辺がマダイの好ポイントとなっている

こまごまと映っているのがマダイの反応。画像にはないが、活性が高い時は、海底付近にいた大型のマダイが捕食のため、急浮上する軌跡が魚探画面上に映し出されることもある。ボート上の釣り人に緊張が走る一瞬だ

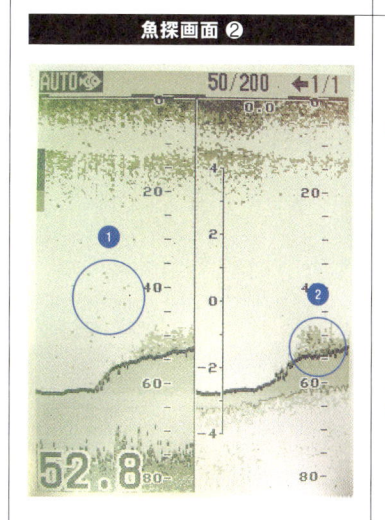

魚探画面 ❷

マダイを釣り上げて10分以上経った後に撮影したもの

❶コマセに寄ったサカナも散り、やや大きめのサカナの反応のみがポツリポツリと残っている。このサカナはウマヅラハギであることが実釣にて判明した。たとえマダイが存在していても水深が深い場所や泳ぎが速い場合には、魚体の反応が映らない状況は多々ある

❷根に張り付くようにじっとしているネンブツダイの反応

スモールボートで楽しむ海のマイボートフィッシング
必釣の極意

ターゲット07 | マダイ

魚探画面 ❸

❶ 水深50メートル付近には、サバの反応が出ている
❷ カケサガリで底質は砂だ
❸ カケサガリの斜面には単体魚の大きな反応が魚探に映ることがある。それが大ダイかどうか定かではないが、自分が垂らした仕掛けの付けエサを食ってくれないかとヤキモキさせられた

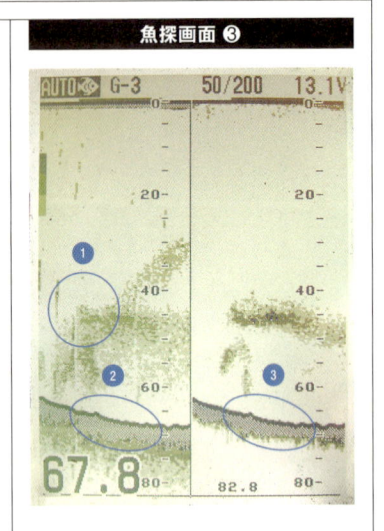

魚探画面 ❹

画面の左半分は表示モードを海底追尾拡大モードにしたもので、海底から常に5メートルの範囲を画面上下方向いっぱいまで拡大して表示している

❶ 海底追尾拡大モードによりマダイの反応が縦長の形状となっている
❷ この撮影時は、仕掛けを投入してタナ取りし、ハリスが潮に馴染むとマダイからアタリが来る…というまさに入れ食い状態だった。海底から2～8メートルの範囲でマダイの魚群反応が映っている
❸ この凸凹はボートの揺れなどによる誤差成分。実際の海底形状とは異なっている

(画面内注記: ハリ掛かりしているマダイの軌跡 / コマセカゴの軌跡)

　スキューバダイビングで海中の様子を観察すると、マダイは大きな根周りだけでなく、小さな根にも寄っていることが確認できる。釣り船の場合、乗客にある程度は均等に釣らせる必要があるため大きな根周りを攻めることが多いが、マイボートフィッシングの場合には釣り船が攻めないような割と小さな根周りを攻めることが可能になる。
　たとえピンポイントであっても、必要に応じて随時、潮回りができるのがマイボートフィッシングのメリットだ。そういった自分だけのポイントを発見できれば大切な財産となり、ますますマダイ釣りにのめり込むことになるのである。
　マダイは春と秋冬が比較的釣りやすい時期で、春は産卵で浅場に寄ってくる大型狙い、秋冬は深場に移動する途中で荒食いする活性の高い魚を狙うのが定番となっていて、春は高めのタナ、秋は低めのタナということがマダイフリークの間では定説となっている。
　ポイントは、夏場は水深10～50メートルくらいで、冬場は水深50～150メートルくらい。冬場にマダイを狙おうと思ったら、少なくとも水深100メートル以上の海底を余裕でキャッチできる出力200ワット以上の魚探が必要になる。
　小型のマダイは群れで行動することが多いため、魚探で群れの反応を見つけることもできるが、50センチメートル以上の中型ともなると単独で行動することが多く、魚探で反応を見つけるのは難しくなる。そこでポイント探しは、おもに魚探で海底地形を見ながら、生息していそうな場所を選定することになる。
　マダイは、基本的には岩礁まわりを好む。ただし、過去のスキューバダイビングの経験では、あまり険しい岩礁帯より、砂地や砂礫帯に小さな根が点在しているような場所、カ

　ポイント探しで不可欠なのは魚探だが、画面に映る反応からマダイを判別できるようになるにはかなりの熟練を要する。同じ場所に通いつめ、繰り返し実績を上げないかぎり魚種を判別することはほとんど困難だ。まずは画面に映る魚群反応よりむしろ、海底地形に注目し、マダイが生息していそうな場所を探すことから始めよう。

ケアガリなどの連続的な地形が変化する終端付近に回遊する傾向があるようだ。このように海底に変化のある場所では、潮流によってプランクトンが溜まりやすく、それを目当てにエビなどの甲殻類が集まってくる。当然、食物連鎖でマダイも集まってくるのだ。

事前に海図でポイントを絞る場合、海底質が"R"(Rock：岩)と記された場所と"S"(Sand：砂)をチェックしておくと効率がよい。ポイントの見当がまったくつかない場合には、前述したような海底地形で、水深50メートル付近を狙ってみよう。マダイはきっと近くに居るはずだ。

魚探画面①と②は、マダイを釣り上げた実績ポイントを、釣り上げたときと同じようにボートを流して撮影した画像である。水深60メートルの砂地には、高さ8メートルほどの岩礁帯が存在し、その周辺がマダイの好ポイントとなっている。

魚探画面①はマダイを釣り上げて3分も経たないうちに撮影した画像である。コマセに寄ってきた魚がまだあちらこちらに残っている。海面から20メートルまでの範囲がイワシの魚群の反応で、その下30メートル付近にはサバの魚群反応が出ている。

魚探画面②は、マダイを釣り上げて10分以上経った後に撮影した画像で、コマセに寄ってきた魚も散り、魚群反応もなくなってしまっている。

このようにマダイの反応が顕著に現れる場合はまれで、そんな状況下でマダイを探すには、魚探に映った海底地形からポイントを選定しなければならない。

魚探画面③は、カケサガリのポイントで、水深50メートル付近にはサバの反応が出ている。ここでは晩秋に30センチ前後のマダイが数多く釣れた実績がある。

魚探画面④は実際にマダイが掛かり、サオをホルダーにセットして電動リールで巻き上げている真っ最中に撮影した画像である。魚探表示は海底追尾拡大モードを選定している。画面右側は周波数50キロヘルツの画像で、水深35～15メートルにかけて直線的に表示されているのが、リールを巻き上げるにつれて上昇していくコマセカゴの軌跡。そしてその下、約8メートル(クッション

魚探画面 ⑤

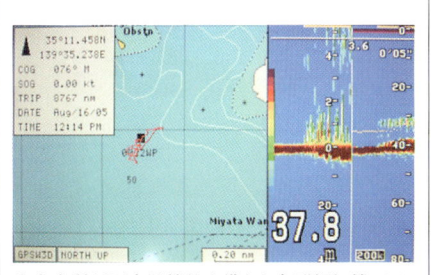

海底底質判別表示機能を備えた魚群探知機では、海底エコーを直線状に表示できるので、尾引きの変化を把握しやすく、海底底質の判別時に重宝する

魚探画面 ⑥

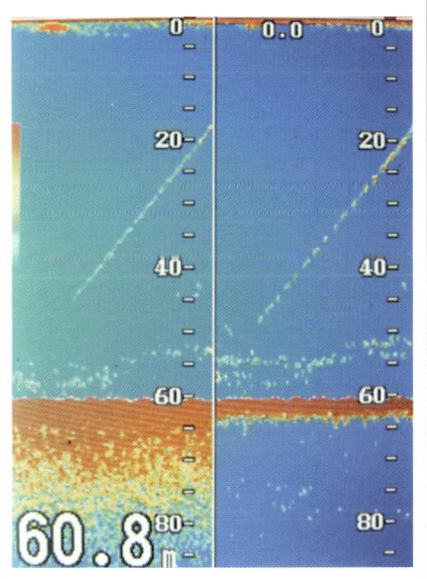

魚群反応の微妙な水深変化を細かくチェックし、仕掛けのタナを追従させることで釣果がグーンとアップし、釣れたではなく、釣ったを実感できる満足度の高い釣りとなる

ゴム＋ハリス分の長さ）の位置に映っているのが、ハリ掛かりしたマダイの軌跡だ。

画面左側は、海底追尾拡大モードによって海底から約5メートルの範囲を切り取り、画面の上下方向いっぱいに拡大表示している画像。海底から2メートルほど上にマダイの反応が映っているが、前述したように上下方向へ拡大表示している関係で、マダイの反応が上下に長いものとして表示されている。この撮影の数分前まではもっとマダイ反応が出ていたのだが、コマセにつられて少しずつ上ずり、画面上側へ外れていってしまった。

魚探画面⑤は、向かって右から順に周波数200キロヘルツで捉えた通常表示、海底底質判別表示、その隣がGPSプロッター画面で、実際に2キログラムのマダイを釣り上げた直後に同一ポイント上を再び流して撮影した画像である。

底質判別表示機能は、海底エコーが直線状に表示されるので、尾引きの変化を把握しやすい。尾引きが短い場所は砂や泥、長い場所は岩礁帯、つまり尾引き長さの変化する場所がマダイポイントのひとつの目安になる（画像に映っているのはマダイではなく、トゴットメバルの反応）。

魚探画面⑥は、水深60メートルの実績ポイントにてマダイを狙っている最中に撮影した画像である。手返しのためにリールのイトを巻き上げ、それに伴ってコマセカゴが上昇していく軌跡が映し出されている。海底から10メートルの範囲に映っている反応は、コマセにより集まった魚だが、この中にはマダイも含まれているので、魚群反応の微妙な水深変化を細かくチェックし、仕掛けのタナを意識的に追従させる。このように細かなタナ取りができるようになると、釣果がアップするとともに、釣れたではなく、釣ったを実感できる満足度の高い釣りとなる。

マダイ釣りはとにかく1枚目を釣り上げるまでは、「このポイントに本当にいるのだろうか？」と不安になるものだ。ただ、コマセによる効果を出すには焦りは禁物。ここはひとつ自分が選定したポイントを信じ、少なくとも1時間以上、場合によっては2時間以上粘ってみてほしい。自ら選んだポイントで本命マダイをゲットできれば、喜びもひとしおだ。

ボートコントロール

マダイが生息するポイントの水深は前述したように、概ね10〜150メートルくらいの範囲となる。

マダイを狙う場合の代表的なボートコントロールは2通りで、アンカーでボートを固定したままイトを垂らす掛かり釣りと、ボートを流しながらイトを垂らす流し釣りだ。どちらがマダイ狙いに適しているとは一概にいえず、むしろ当日の潮流や釣法によって、掛かり釣りにするか、流し釣りにするかを決定する必要がある。

ここでは、スパンカーを使った流し釣りについて紹介しよう。

スパンカーを装備することでボートは舳先を風上方向へ向けることができる。さらに風力と潮流を考慮してボートの推進力を調整することで、海上の1点に静止していることや、潮流に沿ってボートを流すことなど自在なコントロールが可能になる。

潮流がある時は、無理してボートを海上の1点に静止させておくと、イトが斜めに海中へ入っていくので、タナ取りが難しく、釣りづらいものとなってしまう。釣りやすくするためには、イトがまっすぐ海中へ入っていくように潮流に合わせてボートを流せばいい。とはいえ、実際には風と潮流が同じ方

タナ取り（潮が緩い場合）

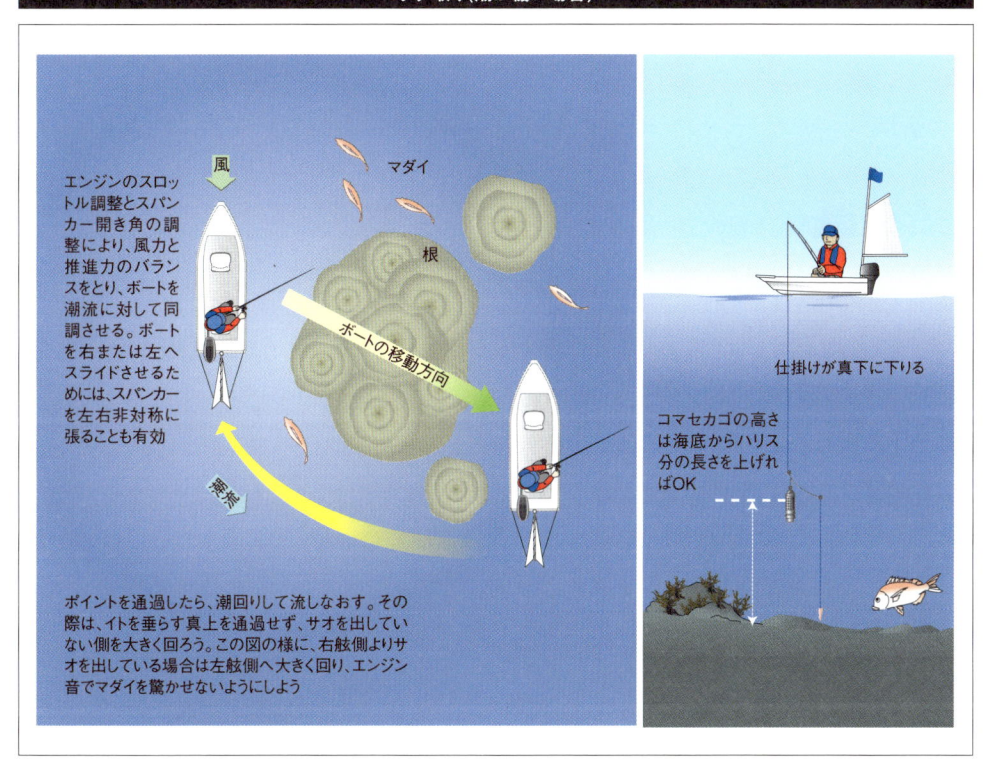

エンジンのスロットル調整とスパンカー開き角の調整により、風力と推進力のバランスをとり、ボートを潮流に対して同調させる。ボートを右または左へスライドさせるためには、スパンカーを左右非対称に張ることも有効

風
マダイ
根
ボートの移動方向
潮流

ポイントを通過したら、潮回りして流しなおす。その際は、イトを垂らす真上を通過せず、サオを出していない側を大きく回ろう。この図の様に、右舷側よりサオを出している場合は左舷側へ大きく回り、エンジン音でマダイを驚かせないようにしよう

仕掛けが真下に下りる

コマセカゴの高さは海底からハリス分の長さを上げればOK

タナ取り（上潮が速い場合）

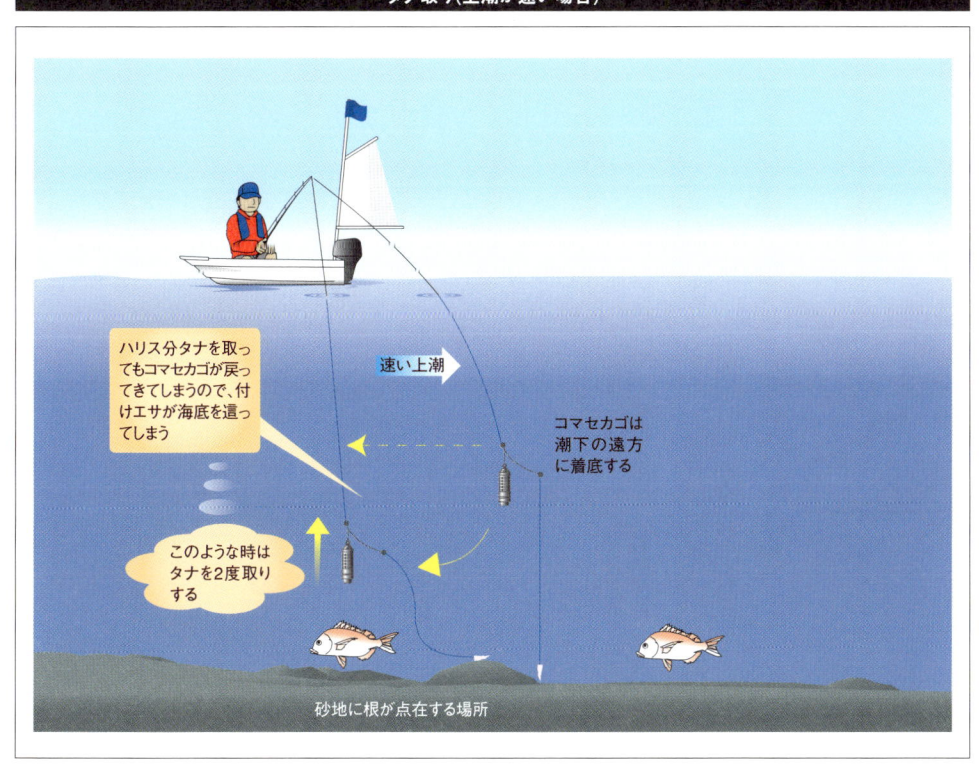

ハリス分タナを取ってもコマセカゴが戻ってきてしまうので、付けエサが海底を這ってしまう

速い上潮

コマセカゴは潮下の遠方に着底する

このような時はタナを2度取りする

砂地に根が点在する場所

65

スモールボートで楽しむ海のマイボートフィッシング
必釣の極意

| ターゲット07 | マダイ |

タナ取り（底潮が速い場合）

- このような時はタナを下げる
- コマセカゴの高さを海底からハリス分上げると、仕掛けが吹き上がってしまう
- 速い底潮
- 砂地に根が点在する場所

タナ取り（海面から行う場合）

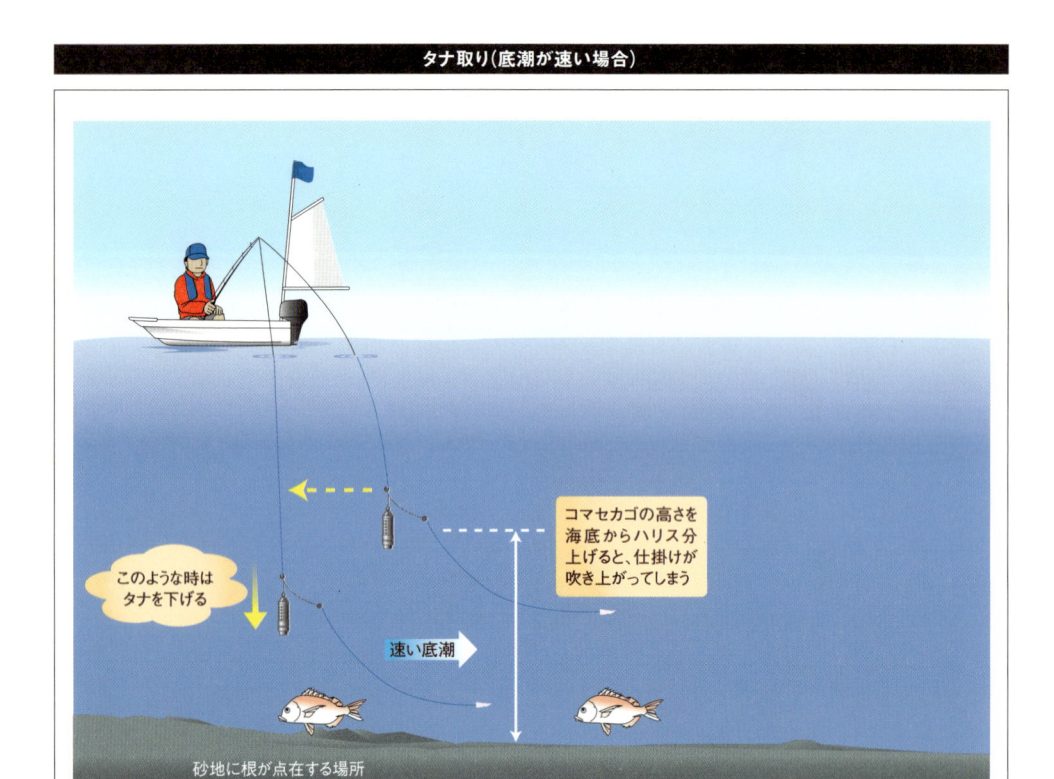

- 2〜3回コマセを振り出しながら、さらにハリス長さの半分まで巻き上げる
- 30秒間に1メートルくらいずつ仕掛けを落とし込んでいき、アタリダナを見つける
- ハリスの長さの半分まで沈める
- この間はコマセを振り出さずに巻き上げる
- 底潮の状況に応じてハリス長さより短いタナまで探る場合もある
- どうしても底ダチを確認したい場合は、サミングしながらそっと着底させ決して大きな衝撃を与えないこと
- NG
- ハリス＋クッションゴムの長さを基本高さとして考える
- 砂または砂礫
- 岩礁

66

ボートコントロールの要点

風と潮流が
同一方向の場合
スパンカー開き角を小さくし、推進力を高める

風と潮流が
反対方向の場合
スパンカー開き角を大きくし、推進力を弱める

向であることはごくまれで、ほとんどの場合はイトがボートの下に隠れたり、ボートから遠ざかったりして、非常に釣りづらいものとなってしまう。

そこでイトが真下に垂れるように、ボートを右あるいは左へスライドさせなければならない。スパンカーを左右非対称に張るテクニックを使う必要が生じるのである。これによってアンカリングできないような水深においても、イトを立てた釣りが可能になる。ただし、この流し釣りの場合にはボートがポイント上を流れて行くので、ポイント通過後は潮回りでボートを潮上へ移動し、流し直しを繰り返すことになる。

海の状況によって上潮が速く流れている場合があり、上潮がボートのトモ側へ流れているときは、ハリスをプロペラに巻き込まないように注意する。特に長ハリスの仕掛けの場合には注意が必要で、テンビンを回収する少し前になったらエンジンをニュートラルにした方が無難だ。

タックル&仕掛け&エサ

ここでは休日しかボートを漕ぎ出せないホリデーアングラーでもマダイを比較的攻略しやすいコマセダイ釣法に必要なタックル類を紹介する。

サオ サオは5:5調子で、オモリ負荷30号のサオが適している。長さは、狭いボート内でも扱いやすい2.7メートル前後が無難だが、取り扱いに習熟すれば長いサオのほうがボートの揺れによるコマセカゴの挙動を抑えることができ、マダイに警戒心を与えずにすむので有利だ。

リール 使用するリールは両軸タイプが一般的で、PEラインの4号を300メートル程度

必釣の極意

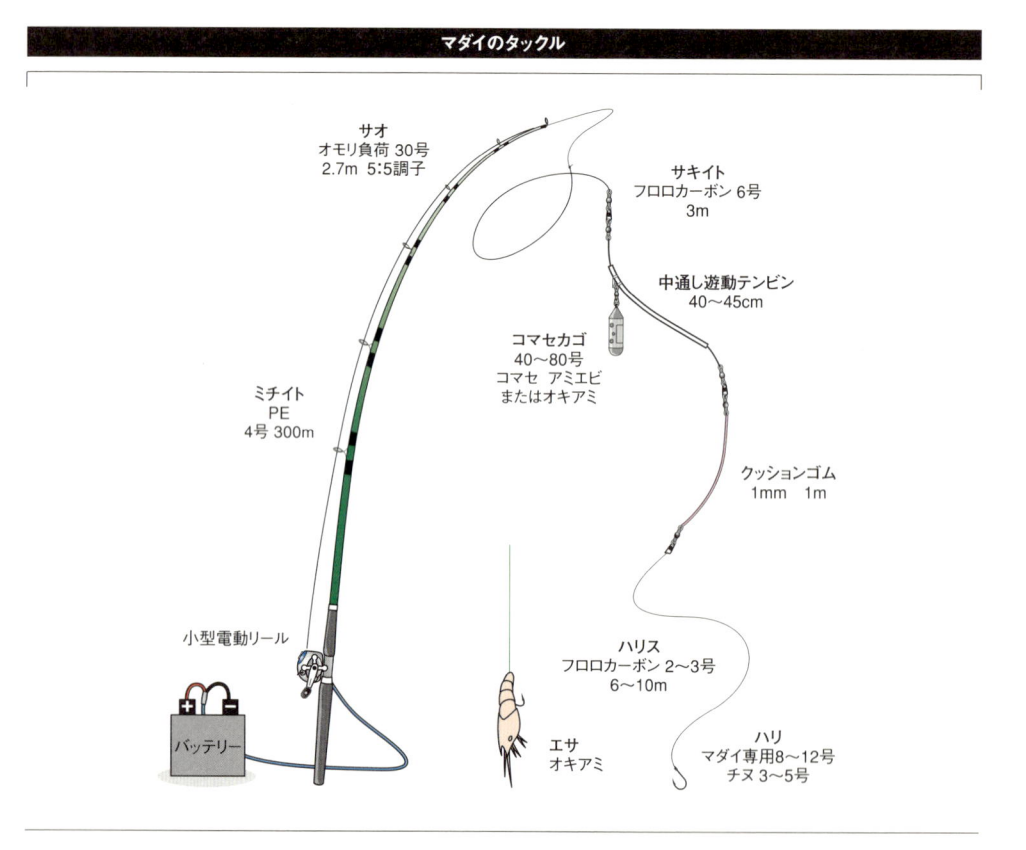

スモールボートで楽しむ海のマイボートフィッシング

| ターゲット07 | マダイ |

マダイのタックル

- サオ　オモリ負荷30号　2.7m　5:5調子
- サキイト　フロロカーボン6号　3m
- 中通し遊動テンビン　40〜45cm
- コマセカゴ　40〜80号　コマセ　アミエビまたはオキアミ
- ミチイト　PE　4号　300m
- クッションゴム　1mm　1m
- 小型電動リール
- バッテリー
- ハリス　フロロカーボン2〜3号　6〜10m
- エサ　オキアミ
- ハリ　マダイ専用8〜12号　チヌ3〜5号

巻けるサイズのものが適している。電動でも手巻きでもどちらでもよいが、魚のヒキに応じて滑らかにスプールが回り始めるドラグ性能が優れたものを用意する。

仕掛け　仕掛けは、腕長40センチ以上の片テンビンに、太さ1.2ミリメートル以上、長さ50センチ以上のクッションゴムを付け、その先にロングハリスの仕掛けを繋ぐ。他人とのオマツリを心配する必要のないマイボートフィッシングでは、ロングハリスの途中にエダバリを1〜2本出すことで、それ自体がコマセの帯を演出する効果も期待できる。

片テンビンに吊るすコマセカゴも、さまざまな種類がある。使用するコマセの種類や量、コマセカゴの大きさ等は、釣り場によってはローカルルールなどで決まっている場合もある。エサを購入するとき、地元の釣具店等で情報を収集しておこう。

エサ　付けエサにはオキアミが一般的だ。目の部分が付いていて粒のしっかりしたものを選んで使う。外気にさらしておくと黒ずんだり、カサカサに乾燥したりするので、海水に浸しておくか、クーラーに入れておき、使う分だけ取り出すようにする。

コマセとして使うアミエビやオキアミも同様で、最低限の量だけ解凍して使うように心掛ける。

付けエサのハリへの刺し方はまず先にオキアミの尾羽を切り、切り口からハリを刺し、腹に抜く。エサ付けは丁寧に行ない、ハリ先は中央より頭に近い位置から出さないと、オキアミの頭部だけがかじられるので要注意。エサ付けには多少時間が掛かっても丁寧に慎重に行なった方がいい。

マダイの釣り方

　コマセダイ釣法は、コマセカゴから流れ出るコマセの煙幕に付けエサをいかに同調させることができるかにかかっている。

　スキューバーダイビングを楽しんでいて水中で魚にエサを与えると、小魚はなり振り構わずエサを食べるが、マダイだけは遠くをぐるぐる回っているだけでなかなか食べようしなかった。小魚が安心して食べている姿を見て、時間とともに警戒心が和らいだのか少しずつ流れ出たおこぼれを食べ始めたのが脳裏に焼きついている。

　このマダイの習性をうまく利用したのが、コマセダイ釣法である。小魚をコマセカゴ近くに集めておいて、長ハリスを使って付けエサをコマセカゴから遠ざけ、小魚に狙われないようにしつつ、遠い位置から様子を見ているマダイの口元へ付けエサを運ぶ役割をしているのである。

タナ取り　海底からのタナ取りは、いったん海底までコマセカゴを下ろし、2～3回に分けてコマセを撒きながら、コマセカゴをタナ上2メートルくらいまで巻き上げるようにする。その位置でコマセを撒いた後、30秒ごとに1メートルほど仕掛けを下ろし、アタリがないままタナ下5メートルほどの位置まで沈めたら、リールを巻き上げる。仕掛け回収後は、付けエサをチェックし、コマセカゴにコマセを補充。この一連の動作を繰り返し行う。仕掛け投入時にリールのスプールをフリーにして放っておくと、コマセカゴが着底する際の衝撃が大きく、驚いたマダイが警戒してエサを食わなくなる可能性がある。コマセカゴが着底する間際になったら、リールのスプールをサミングし、衝撃を最小限にとどめるよう気を使ったほうがいい。

　魚探で常に水深を確認できるマイボートフィッシングでは、タナ取りを海底から行なうのではなく、海面から行なえばこの問題は解決する。海面からのタナ取りは、いったん狙いのタナよりもハリスの長さの半分ほど下までコマセカゴを下ろし、2～3回に分けてコマセを撒きながら、コマセカゴをハリスの長さの半分くらいまで巻き上げるようにする。

　その位置でコマセを撒いた後、30秒ごとに1メートルほど仕掛けを下ろし、タナ下5メートルほどの位置まで沈めたら、リールを巻き上げる。仕掛け回収後は、付けエサをチェックし、コマセカゴにコマセを補充。この一連の動作を繰り返し行う。

　潮流が速ければ1～2メートル低めに、遅ければ高めにというのがタナ取りのテクニック。実際には表層と底潮で速さや方向が異なる場合が多いので判断が難しいが、そのためにも30秒ごとに1メートルほど仕掛けを下ろして食いダナを探す作戦が有効となる。

　また、魚探画面にマダイらしき反応が出て

マダイ用タックルの一例

スモールボートで楽しむ海のマイボートフィッシング

必釣の極意

ターゲット07　マダイ

このサイズのマダイでもタテのヒキはやはり強い

いる場合には、コマセカゴとの距離がわかるので、自分が使っている仕掛けの長さと比べて、上方向の誘いをかけるべきか、下方向の誘いをかけるべきか一目瞭然で、終始緊張した釣りが楽しめる。

マダイ釣りは、オデコ覚悟の釣りともいわれており、一日中イトを垂らしても、そう頻繁にアタリがくるものではない。"釣れた"ではなく"釣った"を味わうためには、魚探を駆使して好ポイントを見つけ出し、あとは付けエサのあるタナを常に意識し、海中をイメージしながら釣ることが大切になる。

一般的なヤリトリ　タナを取ったあとは、大ダイのヒットに備えて、リールのドラグは、ミチイトがボートの揺れで出ていかないギリギリの状態まで緩めておく。

アタリの出方としては、サオ先を一気に海面まで突き刺すような強烈なものもあれば、初めにコツコツという前兆があってからスーッとサオ先を引き込むパターンなど、いろいろある。大ダイだからといってアタリが強烈とは限らず、サオを起こしてから大ダイだと気づくこともあり、慎重さが要求される。

アタリ直後の引き込みが一番強烈で、ヒキに応じてイトを出してやることで対処する。マダイのヒキは真下に突っ込むだけなので、根に巻きついたりすることもほとんどない。そのため青物と違い、この最初の引き込み

さえしのげば、たいていの場合はそれ以降、マダイはだいぶおとなしくなる。それでも巻き上げの途中で2度、3度と引き込む場合もあるので、ドラグはユルユルの状態を維持して対処する。

魚の動きが止まり、ただ重い状態のときにリールを巻くのだが、ユルユルの状態にセットしたドラグが空回りする場合には、リールのスプールをサミングしてサオを起こし、次にサオを寝かしながらリールを巻いていく。これを繰り返すことで、次第に魚が浮かんでくるが、テンビンを回収した後も決して油断できない。

小さなボートでは、波やウネリによりボートの動きが不規則に変化するので、ハリスを手繰るときには、無理なテンションが掛かった場合にすぐにハリスを送り出せるような握り方をしておく。間違っても、手に巻きつけながら手繰るようなことをしてはいけない。

マダイは水圧の変化に弱いので、海面近くになったら大ダイほどポッカリ浮かび上がってくる場合もあるが、最後まで気を抜かず、いつでもタモ取りできるよう、手を伸ばせば届く位置にタモを置いておこう。

食い渋り対策

・コマセカゴを安定させる

　長く軟らかなサオを使い、ボートの揺れによるコマセカゴの挙動を抑えることが、マダイに警戒心を与えず有利となる。

・タナ変更

　マイボートの場合には、釣り船と違って他人とタナを合わせる必要がないので、アタリがなかったらタナを大胆に替えてみよう。秋のマダイ釣りでは一般的に海底付近に付けエサが漂うようになどといわれているが、意外なほど上のタナで食ってくることもある。

・ハリスを短くする

　ハリスを3ヒロくらいまで短くし、底狙いで

コマセの煙幕内に付けエサを同調させ、サオを煽ることで付けエサに動きを与えて誘ってみる。潮が動かず外道からのアタリも少ないなどというときには、アグレッシブに誘いをかけることも大切だ。

・フロートビーズ、シェルビーズの使用

濁りが入っていて水中が暗そうな場合には、ハリスのチモトにビーズ類を付けるのが有効な場合もある。ビーズにはコマセの煙幕と付けエサを同調させる効果もある。ただし、上層、中層でサバやソウダガツオなどのエサ取りが多いときには、使わない方が無難である。

・水中ウキの使用

水温低下などで外道すら口を使わないときは、アグレッシブに誘いをかけることも大切になってくる。数年前に流行した水中ウキは、潮流の影響を受けて付けエサがコマセと同調しやすく、さらに付けエサにトリッキーな動きを与えることで、魚の食い気を誘う効果があった。反面、釣り船においてはオマツリが多発するため廃れていったという経緯がある。しかし、他人とのオマツリを心配する必要のないマイボートフィッシングでは、ときに絶大な効果を発揮することがあるので、状況によっては使ってみる価値がある。

・エダバリの採用

この釣りは1本バリ仕掛けを基本とするが、食い渋りのときや広いタナを探りたい場合には、ハリスの先端から1ヒロ付近に15センチほどのエダバリを出す、2本バリ仕掛けも有効だ。ごくまれに上バリにも食ってくることがあるが、もともとは一荷を狙うわけではなく、エサを2個漂わせることにより、マダイの食い気を誘うための、いわばコマセ的な役割を担うもの。ただし風が強い日に使用すると、手前マツリになりやすく、早い手返しの妨げになることもあるので注意しよう。

電動リールは必需品？

以前、私は「電動リールなんて、軟弱だ！」とか「魚とのヤリトリを楽しみたいなら手巻きリールが一番で、電動など必要ない！」とか「魚にたいして失礼だ！」……というような偏見を持っていました。

ところが友人から借りて初めて使ったところ、すごく便利で楽チン。よくよく考えてみると、実釣にて仕掛けを巻き上げる回数のうち、魚が掛かっていないことの方が多いのも事実であり、以前の考えが偏見であることにようやく気が付きました。

電動リールなら、イトを巻いている最中に他のことができるのが大きな魅力。例えば、予備の仕掛けを作ったり、おにぎりを食べたり……。他船の見張りや操船を自分自身で行う手前船頭のボートフィッシングだからこそ電動リールが有効で、安全の面からも重宝すると思うようになりました。

最近では、イトにかかるテンションに応じて巻き取りを自動コントロールする機能を備えたタイプも増えました。「魚とのヤリトリのスリル感が半減するのでは？」と、またしても偏見じみた想像が頭を巡りましたが、実際に使ってみると、波の振幅で大きく上下動するような小さなマイボートでこそその機能が有効で、威力を発揮してくれると痛感しました。

釣り船に比べて何かと不便なボートフィッシングだからこそ、進化したタックルが有効なのでは？と感じ始めています。いずれにしても、本命を釣り上げた時には、大きな達成感が得られることにかわりありません。

スモールボートで楽しむ海のマイボートフィッシング

必釣の極意

ターゲット08

アジ

魚探を使った釣りが満喫できる魚

おいしいから"アジ"という名前がついたと説く人もいるくらい、この魚は味が良いことで知られ、庶民の魚料理として古くから親しまれている。アジ釣りはポイント選びが最重要課題だが、好ポイントさえ見つかれば、ビギナーでも好釣果を得やすいターゲット。ぜひチャレンジしていただきたい。

	1月	2月	3月	4月	5月	6月	7月	8月	9月	10月	11月	12月
釣期							■	■	■	■	■	

	10m	20m	40m	60m	80m	100m	120m	140m	160m	180m	200m	220m
水深	■	■	■	■	■	■	■	■				

難易度	易 ★ 難 易 ★ 難
ポイント	釣り方

アジはこんな魚

　アジはとても種類の多い魚だが、釣りの世界でアジといえば一般的にマアジのことを指す。ゼイゴと呼ばれる硬いウロコが尾ビレから延びているのが特徴で、体色は黄色っぽいアジや黒っぽいアジなど様々だ。黄色っぽいアジは、成長過程に北上したり南下したりと回遊を続けている途中で瀬の周りに居着いたもので、黒っぽいアジは外洋や深場に多い。

　アジは津軽海峡以南から東南アジア全域まで生息する温帯性の魚で、沿岸にも回遊し、一年中釣れる。しかしながらプレジャーボートで狙うのであれば、水温が高い夏から秋にかけての活性の高い時期がベストシーズン。水深20メートル前後の浅場にも回遊するのでスモールボートでも狙いやすい。

　釣りの対象となるのは体長10センチから40センチが主体だが、中には50センチを超える大アジもいて、釣り人の憧れのターゲットとなっている。

生息場所とポイントの選定

　アジは大きな群れを作って行動する魚なので、魚探にも魚群の反応が映りやすい。魚探反応と海底地形の両方から、ポイント探しの醍醐味を味わうことができるターゲットのひとつだ。

　魚探を使うにあたっては、まず、海中の岩礁帯を探すことから始める。一言で岩礁帯といっても、平根もあれば、高根もあるが、アジが好むのは後者の高根。特に潮通しの良い高根が好ポイントとなる。このような場所には、動物性プランクトンが多く

左側2尾がマアジ、右側2尾はマルアジ

集まり、それを目当てにアジも群れで集まる。スキューバダイビングで観察した範囲では、小アジほど大きな群れを作る傾向があるようだ。

　魚探画面①～④は、どれもアジが実際に釣れた数分後に撮影した画像である。表示モードは2周波併記の状態で、画面左が周波数50キロヘルツ、右が200キロヘルツでの表示となっている。

　魚探画面①は、水深30メートルの岩礁帯にある5メートルほど盛り上がった高根で、潮通しの良いポイント。そのため、多くの種類の魚が集まっている。

　魚探画面②には、水深20メートル付近にアジの魚群反応が映っている。この反応の正体は15センチメートルほどの小アジ。早朝の約2時間、この場所にアンカリングしていた漁師が手釣りで、ひっきりなしに小アジを釣り上げていた。

　魚探画面③は、水温低下や底潮が動かないことが原因と考えられるアジの低活性時の反応。魚探画面①、②に映るアジの反応が高根の頂上付近なのにたいして、魚探画面③では、高根の頂上から一段下がったような場所に集まり、ジッとしている。

　魚探画面④は、頂点部分の水深が22メートル、高さが10メートルほどある高根付近の画像で、高根の右側に三角形で映っている反応が中アジの魚群であることが実釣にて確認できた。

　表層付近の潮流は画面の左から右に流れていて、水中も同一方向だとしたら、高根の頂上を挟んだ潮下側にアジが群れていることになる。

　アンカリングしての掛かり釣りで狙うなら、ボートは魚群反応より、やや潮上側にアンカリングするのが理想。掛かり釣りで狙うなら、ボートは潮上側から流し、仕掛けの

魚探画面 ①

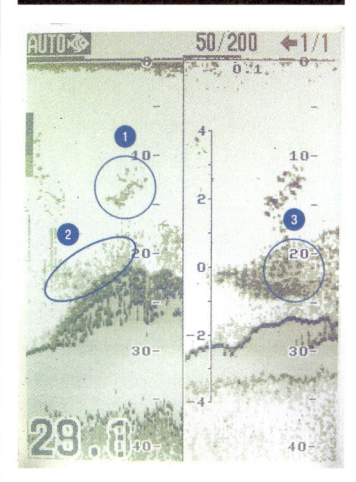

❶水深10メートル付近を回遊するのはマルソウダ。仕掛けの落下途中で食われないようにするためには、コマセカゴの口を絞り気味に調整しておく必要がある
❷潮通しの良い岩礁帯には様々な魚が集まる。このポイントでは魚皮サビキの仕掛けにより、マルソウダ、マアジ、イサキ、ネンブツダイ、サクラダイ、スズメダイ、オキメバルなどの魚が釣れた
❸水深20メートル付近が25センチ級の中アジで、25メートル付近の淡い反応がサクラダイ。このような場所でアジだけを効率よく釣り上げるには、コマセカゴを海底まで沈めないのが鉄則だ

魚探画面 ②

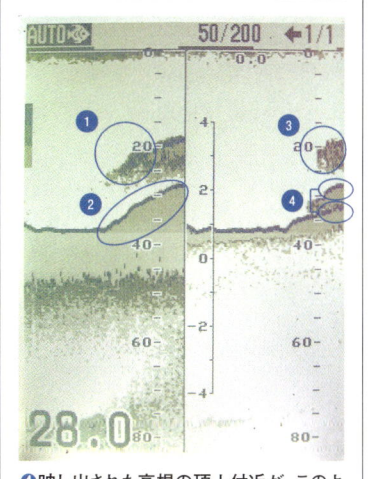

❶この魚群反応は15センチほどの小アジ。早朝の約2時間、この場所に群れがとどまっていた。このような状況の時は、流し釣りよりもアンカリングしての掛かり釣りの方が、効率よくアジを釣り上げることができる
❷周波数50キロヘルツでは、200キロヘルツよりも広範囲の情報をキャッチして画面に表現するので、指向角度範囲内の細かな凹凸情報は表現されにくくなる
❸小アジを釣りつつ、ヒラメやカンパチを狙う格好のポイント
❹映し出された高根の頂上付近が、このように二重に表現されることがある。実際にボートから仕掛け（オモリ）を垂らすことで、頂上付近の複雑な形状をある程度知ることが可能になる

付けエサを潮に乗せてアジ魚群の口元へ送り込むようにするといい。

　掛かり釣りでも、流し釣りでも、コマセによってアジが潮上方向へ遡上してくるので、ボートはそのことを考慮し、ポジション取りする必要がある。

必釣の極意

スモールボートで楽しむ海のマイボートフィッシング

ターゲット08　アジ

ボートコントロール

　アジが生息するポイントの水深は、概ね10～150メートルくらいの範囲で、水深によって、代表的な2通りのボートコントロールを使い分ける。浅場ではアンカーでボートを固定する掛かり釣り、水深50メートル以深では流し釣りが適している。

　浅場でアンカーを入れる場合には、アンカリングしてもいい場所なのかを的確に判断する必要がある。法的に問題ない場所であっても、地元漁業者が頻繁に往来するような場所や、釣り船がアンカリングせずに流し釣りするような場所であれば、アンカリングを避けなければならない。

　高根に付くアジを狙う場合、魚探の画面に映し出された反応を確認しながらアンカーロープの長さを調節して、ボートを反応の上に正確に停止する必要がある。厳密にいうと、反応の真上よりもやや潮上側に停止させた方がいい。つまり潮上側でコマセを振り、コマセが流れてくる方向へアジを少しずつ寄せて釣るのが理想である。ただしアジの低活性時には、高根のピンポイントに集まったままジッとしていてエサを追わないこともあるので、その場合、ボートの停止位置は反応の真上で問題ない。いずれにしても、アンカリングする場合には、風向や上潮の影響で、ボートが振れ回って、ピンポイントを外れないように注意することが大切だ。

　流し釣りは、スパンカーを装備することでボートは舳先を風上方向へ向けることができ、さらに風力と潮流を考慮してボートの推進力を調整することで、潮流に沿ってボートを流すことが可能になる。ボートを潮流に乗せて流すので、イトを立てた釣りが可能になるが、ポイント上を流れていってしまうので、通過後は潮回りでボートを潮上へ移動し、流し直しを繰り返すことになる。

魚探画面 ❸

これは、水温低下や底潮が動かないことに起因する低活性時のアジの反応。サビキ仕掛けでは釣ることができず、マダイ狙い用のロングハリス仕掛けでようやく2尾を釣り上げた

❶ 高根の頂上付近ではなく、一段下がったような場所に集まり、ジッとしている
❷ 周波数50キロヘルツでは、アジの魚群反応が映っている
❸ 周波数200キロヘルツでは、アジの反応が映っていない。群れが小さく集まり、200キロヘルツの細い照射角ではアジをキャッチできなかったのかも知れない

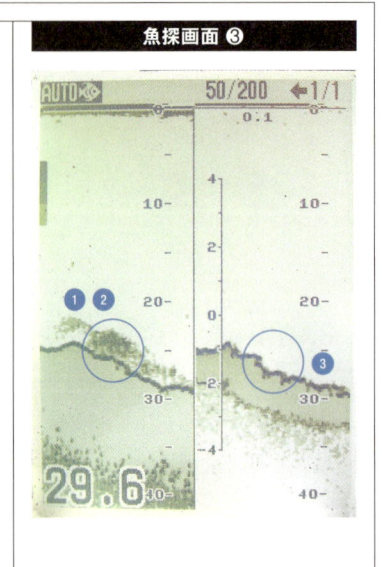

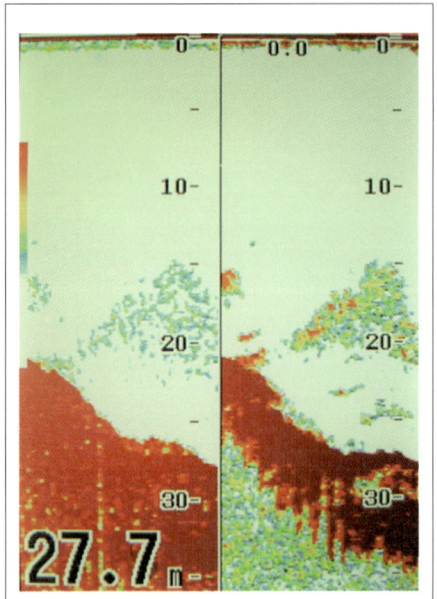

魚探画面 ❹

高根の右側に三角形で映っているのが中アジの魚群反応で、高根に対して潮下側に群れている。仕掛けは潮上側から魚群の元へ潮に乗せ流すのが鉄則だ。

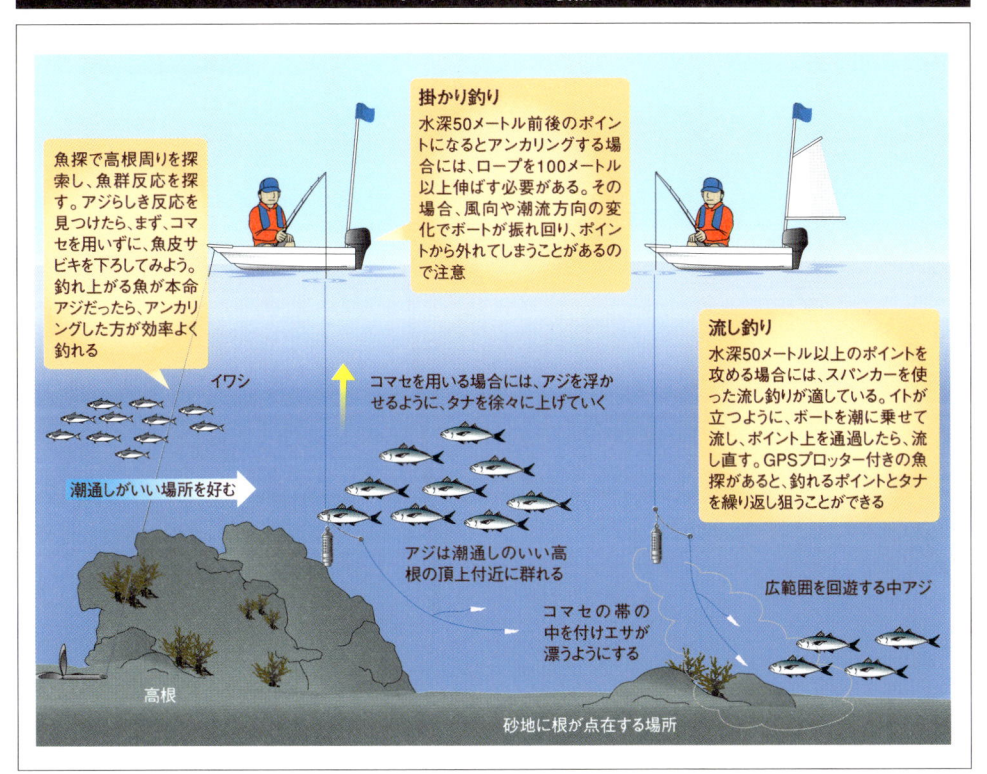

ボートコントロールの要点

魚探で高根周りを探索し、魚群反応を探す。アジらしき反応を見つけたら、まず、コマセを用いずに、魚皮サビキを下ろしてみよう。釣れ上がる魚が本命アジだったら、アンカリングした方が効率よく釣れる

掛かり釣り
水深50メートル前後のポイントになるとアンカリングする場合には、ロープを100メートル以上伸ばす必要がある。その場合、風向や潮流方向の変化でボートが振れ回り、ポイントから外れてしまうことがあるので注意

流し釣り
水深50メートル以上のポイントを攻める場合には、スパンカーを使った流し釣りが適している。イトが立つように、ボートを潮に乗せて流し、ポイント上を通過したら、流し直す。GPSプロッター付きの魚探があると、釣れるポイントとタナを繰り返し狙うことができる

イワシ
潮通しがいい場所を好む
コマセを用いる場合には、アジを浮かせるように、タナを徐々に上げていく
アジは潮通しのいい高根の頂上付近に群れる
コマセの帯の中を付けエサが漂うようにする
高根
砂地に根が点在する場所
広範囲を回遊する中アジ

タックル&仕掛け&エサ

　アジ釣りは、サビキ釣りとビシ釣りに二分され、それぞれにメリット、デメリットがある。また、釣り場の水深や潮などの自然条件と、予測される魚のサイズなどで、タックルや仕掛けが異なってくる。基本的には、サビキ釣りは主に比較的水深が浅い場所での中・小アジをねらうとき、ビシ釣りはやや水深が深い場所での中・大アジをねらうときに適している。

サオ　サオは、7：3または6：4調子でオモリ負荷15〜50号のサオが適している。長さは、狭いボート内でも扱いやすい2.4メートル前後のサオが適している。サビキ釣りでは、ハリがたくさん付いた仕掛けを扱うので、ビギナーはインナーガイドタイプを使用するのがライントラブルも少なくてお勧めできる。

リール　リールは両軸タイプが一般的で、PEラインの3号を200メートル程度巻けるサイズのものが適している。電動でも手巻きでも構わないが、サビキ釣りとビシ釣りのどちらもサオを上下に動かす釣りなので、リールは軽めのものが適している。

仕掛け　サビキ釣りの仕掛けは、市販のサビキ仕掛けを使うのが一番手っ取り早くて確実だろう。サビキ仕掛けの擬似エサには、魚皮などの天然素材から人工的な化学素材を使ったものまで様々なタイプがあるが、釣り場、天候、水深、潮色などによってアジの好みが変わるので万能といえるものはない。選定にあたっては、天然素材と人工素材のそれぞれについて、ハリスの太さが異なる2種類ずつ合計4セットを選んでおけばよいだろう。仕掛けの全長は、使用するサオの長さに近いものにしておきたい。ハリ数も6本程度のものが狭いボート上でも扱い

必釣の極意

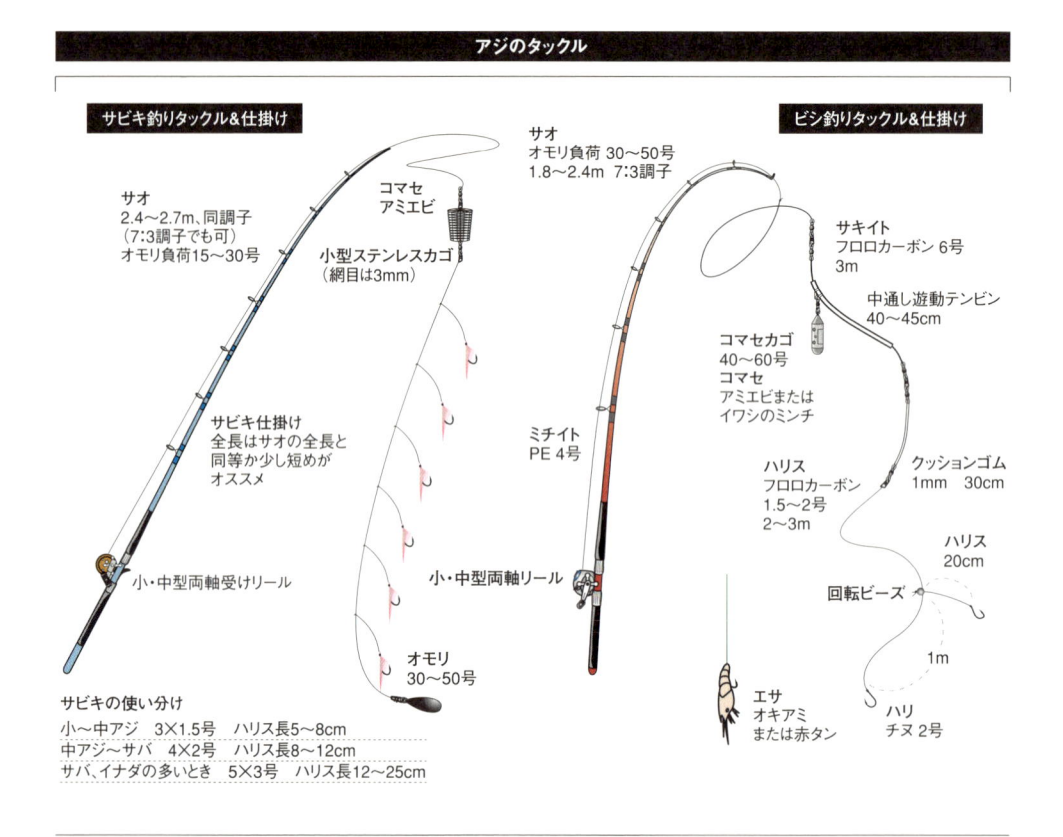

スモールボートで楽しむ海のマイボートフィッシング

| ターゲット08 | アジ |

アジのタックル

サビキ釣りタックル&仕掛け

サオ
2.4〜2.7m、同調子
（7:3調子でも可）
オモリ負荷15〜30号

コマセ
アミエビ

小型ステンレスカゴ
（網目は3mm）

サビキ仕掛け
全長はサオの全長と
同等か少し短めが
オススメ

小・中型両軸受けリール

オモリ
30〜50号

サビキの使い分け
小〜中アジ　　　　3×1.5号　ハリス長5〜8cm
中アジ〜サバ　　　4×2号　　ハリス長8〜12cm
サバ、イナダの多いとき　5×3号　ハリス長12〜25cm

ビシ釣りタックル&仕掛け

サオ
オモリ負荷 30〜50号
1.8〜2.4m 7:3調子

サキイト
フロロカーボン 6号
3m

中通し遊動テンビン
40〜45cm

コマセカゴ
40〜60号
コマセ
アミエビまたは
イワシのミンチ

ミチイト
PE 4号

ハリス
フロロカーボン
1.5〜2号
2〜3m

クッションゴム
1mm 30cm

ハリス
20cm

回転ビーズ

1m

小・中型両軸リール

エサ
オキアミ
または赤タン

ハリ
チヌ 2号

アジ用タックルの一例

やすくてお勧めできる。

　ビシ仕掛けは、腕長30センチ以上の片テンビンに太さ1ミリ長さ30センチ前後のクッションゴムを付け、その先に2本または3本バリの仕掛けをつなぐ。ハリスはフロロカーボン2号が標準で、細いハリスほどアタリが多くなるが、エサ取りの魚が多い場所では、細ハリスの仕掛けはイトがヨレやすく、仕掛けの消耗が激しくなるので要注意。ハリは細地ムツバリの10号前後が適している。

　アジの魚影が濃く活性が高い状況の場合、魚探に映し出された反応めがけて仕掛けを投入すれば、コマセを使用しなくてもヒットする可能性がある。しかしながら、海域によってはコマセなしだと見向きもされないケースが少なくない。そのような状況下では、コマセを使った釣りになるが、海域によって定められたサイズのコマセカゴを使用

する必要があるので事前に調査し、ルールに従わなければならない。一般的にコマセには冷凍アミエビが使われている。ブロックを海水で溶かし、ザルで水気を切って使うようにする。

エサ　サビキ釣りの場合は、サビキ仕掛けの魚皮や人工的な化学素材がハリに付けられているので、付けエサは不要となる。

ビシ釣りの場合は、付けエサはオキアミや赤タン（米粒大にカットしたイカを食紅で着色したもの）、アオイソメ（1〜1.5センチにカット）でいい。

両釣法とも、コマセカゴに入れるコマセはアミエビやイワシのミンチを使用する。

アジの釣り方

サビキ釣り　アミエビをコマセカゴに充填したら、オモリ側からサビキ仕掛けをゆっくり沈める。オモリが着底したら、リールを巻き、イトフケを取りつつ、海底から3メートルほどの高さにオモリを浮かせる。その位置でサオ先を上下に動かし、コマセカゴの中からアミエビを振り出してアタリを待つ。

30秒ほど待ってもアタリがなければ、再びコマセを振り出し、アタリを待つ。この動作を5回ほど繰り返すと、コマセカゴの中身は空っぽになるので、リールを巻いて仕掛けを回収し、コマセカゴにアミエビを充填する。このあと、再び仕掛けを投入する。

ビシ釣り　魚探画面に表示されたアジのタナ付近までコマセカゴを速やかに沈めたらひと呼吸待ち、仕掛けを潮になじませてからサオをシャクって、コマセカゴからコマセを振り出す。続いてコマセカゴを動かさないようにリールを1巻きしつつサオ先を下げ、その位置から水平まで（約60センチ）シャクるのが基本。アタリがなければ繰り返し、食

体高のある居着きのアジ

いダナを探りつつ誘いをかける。

両釣法とも、アジのアタリはガクガクっといった感じでサオ先に明確に伝わる。向こう合わせで掛かるので、こちらで合わせる必要はない。効率よく釣るためには、一回の投入で複数のハリに食わせる必要があり、アタリがあっても、仕掛けを上げずにしばらく放っておこう。

ただし、あまり待ちすぎると、ハリ掛かりしたアジのハリ穴が大きくなってバラシの原因にもなるので、ほどほどのところで巻き上げるようにする。アジは口が弱い魚なので、無理せず、ヒキに合わせてゆっくりと巻き上げる。

アジを効率よく釣るには、タナを外さないことが重要になる。コマセカゴを海底まで沈めてしまうと、海底付近に居る別の魚がコマセにつられて上ずってしまうため、1尾釣り上げて食いダナを把握したら、次の投入からタナ取りは海面から行う。活性の高いアジを上へ上へと誘導し、海底付近にいる別の魚と切り離すことを意識しなければならない。コマセカゴを前回釣り上げたタナよりも下げないようにするのがコツだ。

スモールボートで楽しむ海のマイボートフィッシング　ターゲット09

必釣の極意
アマダイ

顔立ちに特徴があるグルメな高級魚

冬場に狙える人気ターゲットのアマダイ。アカ、キ、シロの3種が存在し、それぞれ生息する水深や分布数も異なるが、ここでは釣りや料理の世界で一般的にお目にかかることが多く、最もポピュラーなアカアマダイ（以下、アマダイとする）について解説していく。

	1月	2月	3月	4月	5月	6月	7月	8月	9月	10月	11月	12月
釣期	■	■	■							■	■	■

	10m	20m	40m	60m	80m	100m	120m	140m	160m	180m	200m	220m
水深			■	■	■	■	■	■		■		

難易度：易　★　難　易　★　難
ポイント / 釣り方

アマダイはこんな魚

　アマダイは、関東南岸から西日本、日本海西部から釜山沖、東シナ海に生息し、大きなものでは50センチを超え2キロにも達するスズキ目アマダイ科の魚。タイを細長くしたような体型で、色はタイと同じような美しいサクラ色をしていて、とぼけたような顔立ち、クリッと愛嬌のある目に特徴がある。海底に穴を掘って潜み、エビやカニなどの甲殻類や、イソメなどの管虫類など底にいる小動物を捕食する。

　食味は甘みがあり、上品な味わいはグルメをもうならせるほど淡泊。ボートフィッシングでは、比較的釣りやすいターゲットとして冬の人気者となっている。

生息場所とポイントの選定

　アマダイは、秋から早春までの期間が釣期で、水深30〜150メートルの砂泥地がポイント。砂泥地の巣穴で生息し、巣穴から出て泳ぎ回るとしても、海底から2メートルの範囲までといわれている。泳層が海底に近すぎるため、魚探を使ってもアマダイ自体の反応を見つけるのは困難であり、魚探に映し出された海底地形や底質を読むことでポイントを探し出すことになる。

　魚探画面①〜③はどれも2周波併記モードの状態を撮影した画像で、画面左が周波数50キロヘルツ、右が200キロヘルツでの表示となっている。

　魚探画面①は、過去に何度も40センチ級の良型アマダイを釣り上げた実績のあるポイント。高低差3メートルほどの緩やかな海底起伏が、顕著に表現されている。この

アカアマダイ（上下段）シロアマダイ（中段）

ような海底起伏は、底潮の流れに変化を与えるため、プランクトンが集まりやすくそれを求めてアマダイのエサとなる甲殻類も集まり、アマダイの一級ポイントとなる。このポイントでは、本命以外にもイトヨリダイやクラカケトラギスがよく食ってきた。

魚探画面②は、フラットな海底に高さ5メートルほどのこんもりした起伏があるポイントだ。ここでのアマダイは、型がやや小さかったものの数が出て、ヒメコダイやソコイトヨリが外道で釣れた。

魚探画面③は、水深62メートルからカケ下がっていく斜面を撮影した画像。この場所も良型アマダイの実績ポイントである。外道にはヒメコダイが数多く釣れたが、画像の水深55メートル付近に映っている魚群反応はヒメコダイではなく、手のひらサイズのキダイで、仕掛け落下時にこの反応が映ると必ずヒットした。

魚探画面から得られる情報としては、海底形状以外に底質も読み取ることができる。しかしながら、魚探画面①〜③のように魚探の調整をオートモードにしていると、底質の判断が難しい。そのような時にはマニュアルに切り替え、水深に適合したゲイン調整で海底の尾引きの長さから底質を推測することになるが、そのためには、ある程度の経験を必要とする。

魚探画面④は、アマダイを釣った後に新たなポイントを求めて付近一帯を探索している最中に撮影した画像である。

海底が右上がりになっているのは、アマダイが狙える好ポイントの特徴でもあるカケアガリで、付近一帯を探索すれば本命に出合える確率がグーンとアップする。その際、役立つのがGPSプロッターで、画面に映し出される航跡をチェックしながら操船することで、新規なポイントを効率よく探索

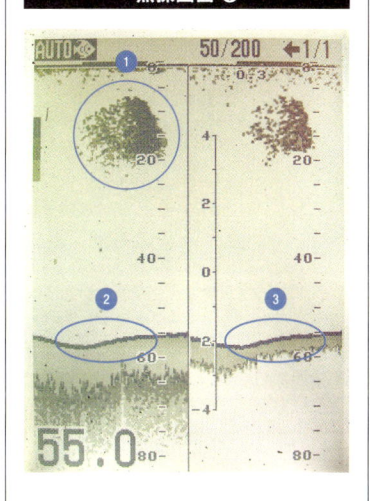

魚探画面 ❶

過去に何度も40センチ級の良型アマダイを釣り上げた実績ポイント付近で撮影した画像。水深55メートルの砂地だ

❶ イワシの魚群反応
❷ 海底には高低差3メートルほどの緩やかな起伏があり、アマダイの好ポイントとなっている
❸ アマダイは泳層が海底に近すぎるため、魚探を使ってもアマダイ自体の反応を見つけるのは困難だ。ポイント探しは、魚探に映し出された海底地形や海底質を読むことで行う

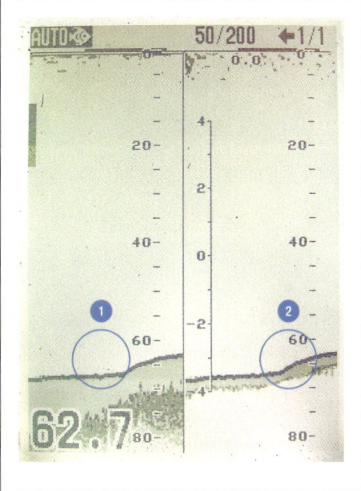

魚探画面 ❷

❶ このポイントで釣ったアマダイはどれも型が小さかったが、数は出た
❷ フラットな海底にこんもり5メートルほど盛り上がった、起伏のあるポイント

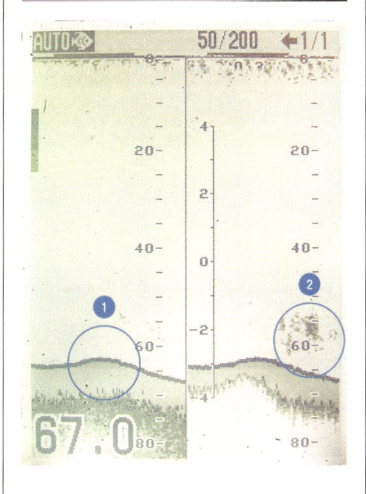

魚探画面 ❸

❶ このようなポイントでは、頻繁な底ダチ取りが必要になる
❷ 手のひらサイズのキダイの反応

スモールボートで楽しむ海のマイボートフィッシング
必釣の極意

| ターゲット09 | アマダイ |

魚探画面④

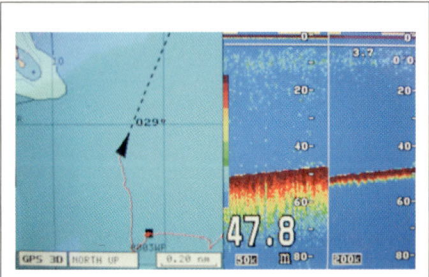

魚群探知機ではアマダイ自体の反応を見つけるのは困難だが、魚探とGPSプロッターを併用することで、面として広範囲を探ることが可能になり、新規なポイント開拓も効率よく行なえる

魚探画面⑤

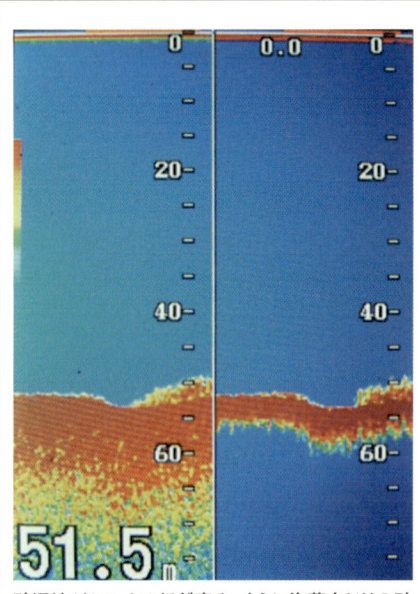

砂泥地が2メートルほど窪み、さらに海藻交じりの砂礫帯へと繋がる境目付近で良型アマダイがヒットした。アマダイが好んで生息する何らかの条件が整っているに違いない

ントではアカアマダイも40センチオーバーが2尾上がっており、アマダイが好んで生息する何らかの条件が整った場所だと想像できる。

　ちなみに底質の最も簡単な判定方法は、ボートからオモリを落下させ、オモリが着底する際の衝撃や、イトを巻き上げるときの海底に刺さったオモリがズボっと抜ける感触をサオ先で感じることから、判断するもので、原始的ではあるが、一番確実な方法だ。より正確に判定するには、いつも決まった形状のオモリを使うのがよいだろう。

ボートコントロール

　アマダイを狙う場合、前述したようにポイントの水深が30～150メートルと深いので、ボートはアンカリングせず、流しながらイトを垂らす流し釣りが適している。アマダイはこの水深の砂泥地に分布しているため、ボートを流しながら、拾い釣りしていくスタイルになる。

　流し釣りには、パラシュートアンカーまたはスパンカーの装備が必要で、海底地形図や魚探、そしてオモリが海底に着いた感触などで、あらかじめ目星を付けたポイント付近をゆっくり流し、アマダイが生息するポイントを探していく、というのが攻略の基本となる。

　魚探から得られる情報では、表示される海底にわずかな高低差（2～3メートル）がある付近でヒット率が高くなるので、画面をチェックしつつボートを流すことで、単調な釣りでも緊張感が味わえ、より楽しいものとなる。

　アマダイは海底を這って生息しているので、仕掛けのオモリ部分が着底していれば、

可能になる。

　魚探画面⑤は、40センチオーバーのシロアマダイを釣りあげた直後にポイント上を釣った時と同じようにボートを流して撮影した画像である。

　水深約50メートルの砂泥地が2メートルほど窪み、さらに海藻交じりの砂礫帯へと繋がる境目付近でヒットした。同日、このポイ

ボートコントロールの要点

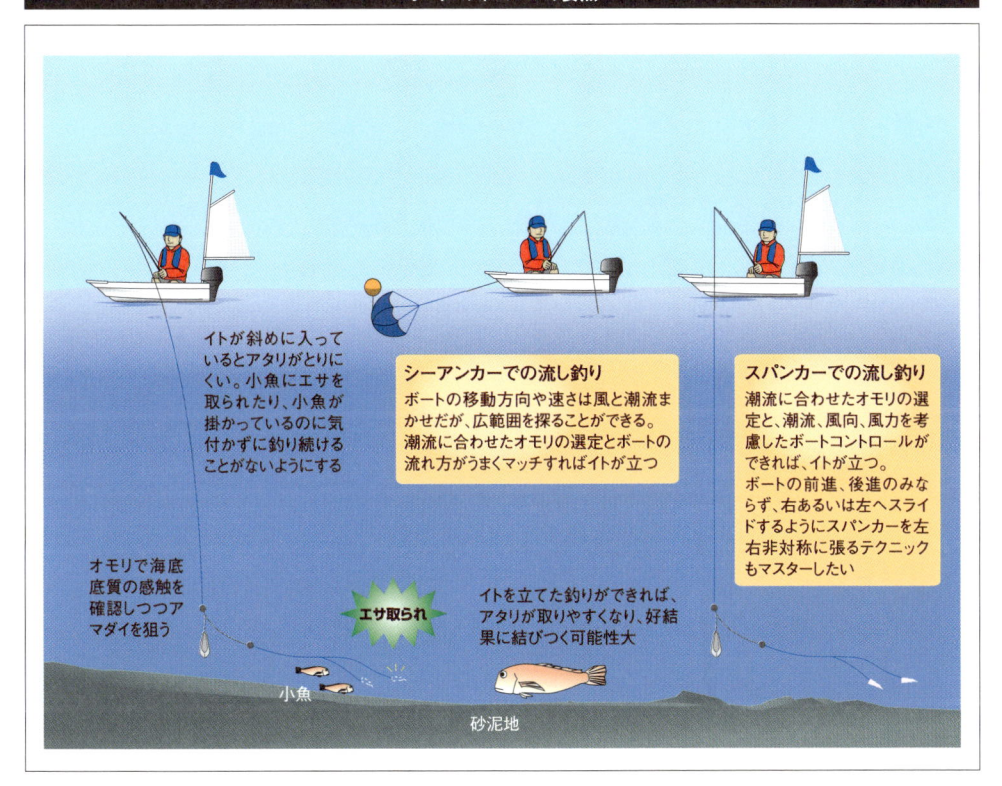

イトが斜めに入っているとアタリがとりにくい。小魚にエサを取られたり、小魚が掛かっているのに気付かずに釣り続けることがないようにする

オモリで海底底質の感触を確認しつつアマダイを狙う

シーアンカーでの流し釣り
ボートの移動方向や速さは風と潮流まかせだが、広範囲を探ることができる。潮流に合わせたオモリの選定とボートの流れ方がうまくマッチすればイトが立つ

エサ取られ

イトを立てた釣りができれば、アタリが取りやすくなり、好結果に結びつく可能性大

スパンカーでの流し釣り
潮流に合わせたオモリの選定と、潮流、風向、風力を考慮したボートコントロールができれば、イトが立つ。
ボートの前進、後進のみならず、右あるいは左へスライドするようにスパンカーを左右非対称に張るテクニックもマスターしたい

小魚　　砂泥地

エサはアマダイの近くを漂うことになる。しかしながら、ポイント付近にはヒメコダイやクラカケトラギスなど、外道として釣れる魚も多く生息している。知らず知らずのうちにエサを取られたり、それらがハリ掛かりしたことに気づくことなく釣り続けてしまうと、いつまで経っても本命アマダイなどヒットしない。外道からのアタリを逃さないようにするためにも、やはりイトを立てた釣りを心掛けたい。そのためには、ボートコントロールと、潮流に合わせたオモリの選定が重要だ。

広範囲を探ってポイント開拓する場合、マルイカ編（48ページ）でも紹介したが、ボートの移動コースをコントロールして、エリアを"面"として探っていくことをお勧めする。GPSプロッターを装備していれば、画面に表示される航跡にて付近一帯をまんべんなく流すことができ、生息ポイントを効率よく発見できる。

水深50メートル以上になると、魚を掛けてからボート上に取り込むまでにボートの位置がどんどん移り変わっていく。本命の姿を確認してから山ダテやGPSプロッターにて位置情報を記録するのでは遅すぎる。たとえ本命かどうか疑わしくても、とりあえず位置情報を記録した方が、より高精度なポイントデータの蓄積につながる。

山ダテの場合、アタリがきた時点でミチイトが海中へ入っている方向、角度、水深も合わせてチェックしておこう。とはいえ、ヤリトリを開始している最中に2方向の山ダテを記憶するのは難しいのが現実だ。

そのような場合には、ボートが流れる方向から判断して変化が大きなほうの山ダテだけを行い、魚を取り込んだ後、より正確に2方向の山ダテをするとよいだろう。山ダ

必釣の極意

スモールボートで楽しむ海のマイボートフィッシング

ターゲット09 アマダイ

アマダイのタックル

- サオ オモリ負荷30号 1.8～2.1m 7:3調子
- サキイト フロロカーボン5号 3m
- 中通し遊動テンビン 30～40cm
- オモリ 30～50号
- ミチイト PE4号
- 小型電動リール
- バッテリー
- ミキイト 3号×1m
- エダス フロロカーボン 3号×20cm
- 回転ビーズ
- エダス フロロカーボン 3号×20cm
- 夜光玉ソフトタイプ2号
- 親子サルカン
- ハリ イサギ13号
- エサ オキアミ
- 0.8m / 0.8m

アマダイ用タックルの一例

テのスケッチは手間が掛かるので、デジタルカメラで山ダテの物標を撮影するのがお勧めできる。すぐその場で画像を再生できることが、デジタルカメラの最大のメリットである。そのうえで、本命アマダイが釣れたポイント上を流し直しするのが、好釣果への近道となる。

タックル&仕掛け&エサ

サオ 世の中に出回っている、アマダイ専用ザオを使う必要はまったくない。手持ちでの釣りを基本とするなら、長さは1.8～2.1メートルの短ザオが狭いボート上でも扱いやすい。調子は、8:2くらいの先調子がアタリをとりやすくお勧めできる。欲を言えば、掛かってから7:3から6:4へ移行するサオ。

これなら申し分なく、魚を掛けてからも安心してヤリトリできる。オモリ負荷は30〜50号で、コマセシャクリ用として発売されているサオなら十分使用できる。

一方、置きザオで釣るなら、2.7〜3メートルのマダイ用などといった軟らかなサオがお勧めだ。

リール　使用するリールは両軸タイプが適している。アマダイ狙いでは、高い確率でクラカケトラギスやヒメコダイ等の外道がヒットするので、付けエサのチェックが頻繁に必要になる。手返しの効率を考えると、小型電動リールがお勧め。サイズはPEラインの4号を300メートル程度巻けるサイズのものが、手持ちで狙う際も比較的軽量なので適している。

テンビン　テンビンは各種タイプが市販されているが、アマダイ仕掛けは長さが短めなので、腕長40センチ前後のもので十分である。あまり長いテンビンを使用すると、誘いの時の水中での動きが悪く、付けエサまで動きが伝わらない原因にもなる。逆に言えば、魚からのアタリもサオ先まで届かなくなる恐れがあるということだ。

アマダイポイントにはトラギスなどの小魚も多く、エサが取られてしまったことに気づかないことがある。エサのないハリをいつまでも水中に放置することのないよう、小さなアタリでもキャッチできる感度とバランスの良いテンビンを選ばなければならない。私の場合は、いつも中通しの遊動式テンビンを使用している。

仕掛け　片テンビンに接続する仕掛けは全長2〜3メートルで、フロロカーボン3号を使った2本または3本バリで構成する。一番下のハリから80センチ間隔で20センチのエダスを出す。

ハリの種類は一般的にはチヌ3〜4号が使われるが、私はイサギ13号を使う。イサギハリは強度もあり、柄が長いので口の小さな魚にのみ込まれた際もハリを外しやすくお勧めできる。また、軸が太いので、付けエサを落下させるために一般的に使われるガン玉が不要。軸の長さもあるので、ハリに結んだイトが弱りにくく、魚の口に掛かったハリを外しやすいメリットもある。ハリ数は少なくとも2本。基本は3本バリで、仕掛けの全長はやや長めの2ヒロを基本としている。

エサ　オキアミが一般的だが、エサ取りの小魚が少ない時にはイソメ類などの虫類が威力を発揮することもある。いずれにしても、エサがハリから抜け落ちないように、丁寧にエサ付けしよう。

使用するオキアミのサイズは、LLサイズなどできるだけ大きなものを使用する。エビシャクリによるマダイ狙いでも、ときどき大アマダイが釣れるので、一発大物を狙うのなら冷凍エビが有効かもしれない。

オキアミやエビ類の場合には、尾羽をカットして、切り口からハリを入れ、腹側にハリ先を出す。刺した状態で全体が"く"の字に曲がっていると、アマダイの仕掛けを沈める時に水の抵抗で回転し、イトよれや絡みの原因になるので、必ず直線的になるように刺す。

本命と定番外道のヒメコダイ、クラカケトラギス

アマダイの釣り方

　エサが海底から2メートルの範囲を漂うようにすればいいので、タナ取りは簡単である。

　仕掛け投入後にオモリを着底させたら、イトフケを取ってから、0.5～1メートル巻き上げる。その位置を基本のポジションとして、ゆっくり0.5～1メートル誘い上げ、次にスーっとサオを下げる。このとき、海底の付けエサをアマダイの目の前でゆっくり落下させることをイメージしながら、シャクリを繰り返し行っていく。

　ゆっくりシャクリ上げる時にアタリがくることもあれば、シャクったサオをゆっくり下ろす時にアタリがくることもある。魚の活性が低く、食い渋っているような状況下では、積極的な誘いが功を奏する場合が多い。

　一方、ウネリや波の影響でボートの上下動が大きい日は、長さ2.7～3メートルの軟らかなサオの置きザオ釣法で、ボートの揺れに任せた方が釣れることも多くある。

　いずれにしてもアタリは明確なので、軽くサオを立て、ハリ掛かりを確実なものとし、焦らずゆっくりとリーリングを開始する。初めのうちは3段引きともいわれる強烈な暴れっぷりを見せるものの、数十メートルもイトを巻き上げれば比較的おとなしくなるので、それほど心配はいらない。

　アマダイは水圧の変化で浮き袋が膨らみ、最後には水面にプッカリ浮かび上がることが多い魚である。スパンカーを使った流し釣りでは、エンジンの回転するプロペラに仕掛けや魚をウッカリ巻き込まないよう注意が必要だ。仕掛けがボート下10メートルくらいのところまで巻き上がってきた時点でエンジンをニュートラルにして、プロペラの回転を停止するほうが無難である。い

40センチオーバーなら2尾も釣れれば十分だ

ずれにしても、万全を期するためにタモを使って確実に取り込もう。

　アマダイが釣れたら、その場所には必ず数尾がかたまっているので、山ダテをきっちり行うか、GPSに記録を残しておくとよいだろう。また、海底のオモリの着底感触を憶えておくのもお勧めだ。その感触を憶えておくと、今後の新規ポイント開拓に必ず役立つ。

もう1つの楽しみ方　釣果アップではなく釣趣を味わいたいのであれば、ライトタックルの使用がお勧め。マイボートフィッシングでは、他人の仕掛けとオマツリすることがほとんどないため、潮流が許すかぎり軽目のオモリを使用しよう。サオやリールは、釣り船などで使用するモノよりも軽薄短小な、いわゆるライトタックルですませることが可能となる。

　ライトタックルは、一日中サオを振っていても疲れにくいのはもちろんのこと、魚が掛かった時の引き味を堪能するという点でもメリットが大きく、一度味わうと、クセになってしまうほど楽しいものだ。ぜひ一度、試して欲しい釣りである。

マイボートの釣りと遊漁船の釣り

　沖釣りを楽しむという点においては、遊漁船もマイボートも一緒ですが、その中身は大きく異なります。

　狙う魚についていえば、遊漁船は集客するためにターゲット（本命対象魚）を明確にする必要があります。これに対してマイボートフィッシングは、敢えてターゲットを明確に決める必要もなく、状況に応じて自由に変更できます。また、各地で定めたルールに則った範囲内であれば、タックル、ポイント、仕掛け、エサ、釣り方も自由です。

　使用するタックルや仕掛け類はどうでしょうか？遊漁船の場合、オマツリ予防策として、潮流の影響でイトが斜めになりにくいように、重く、統一された号数のオモリを使用することが義務付けられるケースがほとんどで、乗船客はそのルールに従うのは当然のマナーとされています。イトについても、他人のイトと擦れることや重いオモリに耐えることを考慮して太いイトが必要となります。太いイトは、オマツリ発生時にも絡まったイトを解きやすいというメリットがありますが、必然的に潮流の影響を受けやすくなります。

　一方、マイボートフィッシングでは、乗船者が自分ひとりか多くても数名程度なので、オマツリの頻度が少なくなります。もしオマツリが発生しても、相手が他人ではなく身内ということで、それほど気を使う必要もありません。そんなこともあって、マイボートフィッシングでは、細いイトを使用できるのです。潮流の影響を受けにくい細いイトであれば軽いオモリでも仕掛けを沈めることができ、いわゆるライトタックルでの釣りが可能となります。

　使用するタックル次第で、たとえ同じサイズの魚が掛かっても、釣り人が感じる釣趣が大きく異なってきます。ヘビーなタックルでは、仕掛けを上げてみたら釣れていたとなるような小さな魚でも、ライトタックルならアタリからハリ掛かりした後の小気味よいヒキ味まで存分に楽しめるのです（イラスト参照）。

　もうひとつ遊漁船との違いを感じるのが、親水性の良さです。特にスモールボートは海面までの距離が近く、より近い目線でヤリトリするために、魚と対峙しているという実感が大きいのが特徴です。最終段階の取り込みの際もスリリングで、同じ魚を遊漁船で釣った場合とは一味違う楽しさがあります。

マイボートの釣り

同乗者が少なく、オマツリ発生が少ない
細いイトでOK！ ↔ 細いイトは潮流の影響を受けにくいので
軽いオモリでOK！

↓

イトが細いのでイト巻き量の少ないリールでOK
オモリが軽いのでオモリ負荷の小さなサオでOK
ライトタックルでOK！

遊漁船の釣り

重たいオモリに耐え、擦り切れを防止するため
太いイトが必要 ↔ 潮流の影響を受ける太いイトを沈めるために
重たいオモリが必要

↓

太いイトを巻き込める大きなリールが必要
重いオモリに耐えられる大物用のサオが必要
ヘビータックルが必要

あとがきにかえて

　大海原へと漕ぎ出すボートフィッシングでは、自然との一体感を肌で感じることができます。ただし、その分、自然に対する十分な知識が要求され、不十分な知識や心構えで漕ぎ出すと思わぬ落とし穴が待っていることも忘れてはなりません。自然は、私たちがアマチュアだからといって、決して手加減してくれません。安全にボートフィッシングを楽しむためには、自然に関する正しい知識を身につけ、万全の準備で臨む必要があります。

　まず、気象に関する正しい知識が不可欠で、常に最新の天候や海況情報を入手しておく必要があります。しかしながら、沿岸付近の気象は複雑で、しかも局地的変化が大きいため、最終的には現地において船長である自らが出航可否や帰航の判断を行わなければなりません。安全を最優先させた早めの決断と、決して無理することのない行動を心掛けましょう。

　ボートフィッシングは、ポイント選定、釣法など、気の向くままに楽しめますが、実際には海域によっていろいろなルールがあり、守らなければなりません。地域ごとに制定されている「遊漁に関する申し合わせ事項」もそのひとつで、漁業者とのトラブルを未然に防止するうえでも、事前の情報収集が不可欠です。

　ライフジャケットの着用も重要なテーマです。海上保安庁の調査では、海中転落事故でライフジャケットを着用していた人の生存率は9割で、着用していなかった人の生存率は5割という結果がでています。スモールボートでは、乗船者の重心移動や他船の引き波によってもバランスを失いやすいので、万一の落水に備えてライフジャケットは常時、着用するように心掛けましょう。

　最近、各方面で資源保護とか環境保全が叫ばれるようになってきました。もちろん釣り人が出すゴミの問題もありますが、今後は釣果面での"釣り過ぎ"についても問題視される可能性があります。イトを垂らす以上、釣れた方が楽しいに決まっています。また、釣れない時があるからこそ、釣れる時がうれしくて、ブレーキが壊れた機関車のように釣りまくってしまうという人もいるで

しょう。実は私もそんな一人でした。挙句の果てには、釣果をインターネット上で自慢する……。でも今は、当時の自分の行動を恥ずかしく思っています。

ボートフィッシングは、個人ないし身内で楽しむ場合がほとんどなので、数や量を競い合う必要などなく、資源保護を意識した釣りが行えるはずです。最近では、ボートアングラーの間でも"釣り過ぎ"ということが話題となり、インターネット上で公開される釣果自慢の画像を見て、「"釣果画像"ではなくて"超過画像"だ!」とか「自制心の欠如をさらけ出している時代錯誤のボートアングラーだ!」と、非難するような動きも出始めました。

職漁船の漁獲量に比べたら、休日のみ海に出るボートアングラーが釣り過ぎに注意したところで、どれほど効果が上がるのかは不明です。ただ、この海という大自然の素晴らしさ、魚と対峙する面白さ、感動を後世に残していくためには、資源保護を意識した釣りを心掛けていく必要があるはずです。

私の場合、釣り過ぎると、帰宅後の魚料理が粗末になってしまうこともしばしばありました。また、どんな高級魚でも、食べ続けると、飽きてしまうというのも本音です。やはり、美味しく食べることのできる分量、そして丁寧に料理できる分量のみを釣って持ち帰る、ということにとどめるべきでしょう。さて、肝心の"釣り過ぎ"というものがどんな量なのか? これについては、地域差や個人差などがあり、一概にいえないのが実情です。でも、釣った魚で料理を楽しむ人は、自分自身にとっての適量というものが分かっているのではないかと思います。

タックルや釣法の進化は、度が過ぎると資源枯渇につながります。今後は釣果の追求を避け、ボートフィッシングという遊びを、仕掛け作り、艤装、ポイント探し、魚料理など、トータルで楽しむものに変えていく必要があると思っています。

そろそろ、釣った魚の数量が、釣りのテクニックと相関関係にあるとみる風潮をなくしませんか?

せめて私たちボートアングラーだけでも、意識改革しませんか?

必釣の極意
スモールボートで楽しむ海のマイボートフィッシング

2006年2月15日　初版発行
2008年4月30日　第2版第1刷発行

著者　小野信昭

発行者　大田川茂樹
発行　株式会社　舵社

〒105-0013
東京都港区浜松町1-2-17
ストークベル浜松町
TEL: 03-3434-5181　FAX: 03-3434-2640

装丁　鈴木洋亮
印刷　大日本印刷（株）

DVD制作
編集　株式会社　舵社
出演　小野信昭
ナレーション　福士秀樹
レーベルデザイン　鈴木洋亮

定価はカバーに表示してあります
無断複写・複製を禁じます

©2006 Published by KAZI CO.,LTD.
Printed in Japan

ISBN978-4-8072-5115-5

[筆者紹介]
小野信昭（おの・のぶあき）

1963年東京生まれ、のちに横浜へ移る。10歳の時に自宅近くの多摩川にて川釣りデビュー。その後、佐渡に住む祖父よりボートでのシロギス釣りの手ほどきを受け、海釣りに転向。以来、手漕ぎの貸しボート、エンジン付きゴムボートを経て現在に至る。「ボートは小さいほど、自然との一体感が得られ、感動が大きくなる」を信条に、スモールボートにこだわり続け、毎週末どこかしらの海に愛艇〈友恵丸〉を浮かべている。その釣行回数は年間80回を超えるほどだ。また趣味で始めたスキューバダイビング歴も20年を超え、そのときに観察した魚の生態に関する洞察が本誌のなかにも生かされている。
『つり情報』（辰巳出版）、『ボート倶楽部』（舵社）、『マイボートは車に積んで』（舵社）など、ボートフィッシングに関わる記事を多くの雑誌やムック本で執筆中。また、自身のホームページや講演会でボートの楽しさを伝えるとともに、海のルールやマナーを守る活動に力を入れている。
2007年よりダイワフィールドモニター

ホームページ：気ままな「海のボート釣り」
http://homepage3.nifty.com/miniboat/